长春师范大学学术专著出版资助项目

吉林省社科基金项目(项目编号:2018B113)

PIAOBO YU FANXIANG

漂泊与返乡

跨国务工者的社会适应

成 婧 著

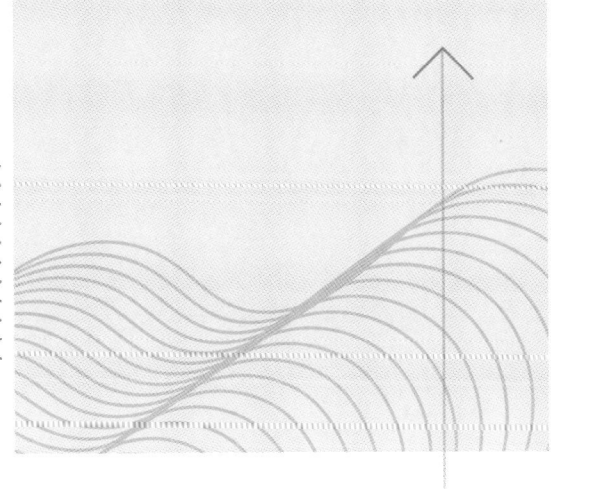

中国社会科学出版社

图书在版编目（CIP）数据

漂泊与返乡：跨国务工者的社会适应／成婧著 .—北京：中国社会科学出版社，2019.6
ISBN 978-7-5203-4883-6

Ⅰ.①漂⋯　Ⅱ.①成⋯　Ⅲ.①社会学—研究—中国　Ⅳ.①C91

中国版本图书馆 CIP 数据核字（2019）第 184021 号

出 版 人	赵剑英
责任编辑	田　文
责任校对	张爱华
责任印制	王　超
出　　版	中国社会科学出版社
社　　址	北京鼓楼西大街甲 158 号
邮　　编	100720
网　　址	http://www.csspw.cn
发 行 部	010-84083685
门 市 部	010-84029450
经　　销	新华书店及其他书店
印　　刷	北京君升印刷有限公司
装　　订	廊坊市广阳区广增装订厂
版　　次	2019 年 6 月第 1 版
印　　次	2019 年 6 月第 1 次印刷
开　　本	710×1000　1/16
印　　张	12.75
字　　数	205 千字
定　　价	59.00 元

凡购买中国社会科学出版社图书，如有质量问题请与本社营销中心联系调换
电话：010-84083683
版权所有　侵权必究

目　　录

第一章　绪论 …………………………………………………（1）
　一　问题的提出 ……………………………………………（1）
　　（一）赴韩务工群体形成的时空溯源 ……………………（1）
　　（二）延边赴韩务工人员的主要特征 ……………………（5）
　　（三）赴韩务工群体跨境流动的社会问题及影响 ………（11）
　　（四）赴韩务工青年群体的返乡社会适应诉求 …………（15）
　　（五）本研究探讨的主要问题 ……………………………（17）
　二　相关概念辨析 …………………………………………（18）
　　（一）青年赴韩务工者 ……………………………………（18）
　　（二）返乡 …………………………………………………（19）
　　（三）社会适应 ……………………………………………（19）
　三　研究意义及创新之处 …………………………………（20）
　　（一）实践意义 ……………………………………………（20）
　　（二）理论意义 ……………………………………………（21）
　　（三）创新之处 ……………………………………………（23）
　四　研究方法 ………………………………………………（25）
　　（一）资料来源 ……………………………………………（25）
　　（二）分析方法 ……………………………………………（26）
　五　本书结构 ………………………………………………（27）

第二章　国内外文献述评 ……………………………………（29）
　一　返乡社会适应的理论梳理 ……………………………（29）
　　（一）心理层面的返乡社会适应研究 ……………………（29）

（二）认知层面的返乡社会适应研究 …………………………（31）
　　（三）行为层面的返乡社会适应研究 …………………………（36）
二　返乡社会适应的情境影响因素研究 …………………………（37）
　　（一）时间因素 …………………………………………………（37）
　　（二）文化距离 …………………………………………………（39）
　　（三）社会网络 …………………………………………………（39）
　　（四）物质环境 …………………………………………………（41）
三　返乡社会适应的个体特征影响因素研究 ……………………（41）
　　（一）个体的自然属性 …………………………………………（41）
　　（二）个体社会属性 ……………………………………………（43）
　　（三）个体生命历程 ……………………………………………（44）
四　返乡社会适应策略研究 ………………………………………（45）
　　（一）国家层面 …………………………………………………（45）
　　（二）社会及企业组织层面 ……………………………………（45）
　　（三）个人层面 …………………………………………………（46）
五　述评 ……………………………………………………………（47）
　　（一）心理、认知、行为研究的分化 …………………………（47）
　　（二）动态研究与静态研究的隔离 ……………………………（47）
　　（三）理论研究的西化取向 ……………………………………（47）
　　（四）国内返乡研究内容有待扩展 ……………………………（48）
　　（五）返乡适应策略的局限性 …………………………………（48）
六　本书的理论视角和研究范畴 …………………………………（49）
　　（一）返乡社会适应理论的梳理与整合 ………………………（49）
　　（二）返乡社会适应研究的内涵和理论维度 …………………（55）
　　（三）身份认同与返乡适应的逻辑关系 ………………………（62）

第三章　跨境循环流动中的多重返乡类型 ……………………（64）
一　返乡时间 ………………………………………………………（65）
　　（一）长期返乡型 ………………………………………………（65）
　　（二）中期返乡型 ………………………………………………（66）
　　（三）短期返乡型 ………………………………………………（67）
　　（四）小结 ………………………………………………………（68）

二 返乡动机 (69)
(一) 主动返乡型 (70)
(二) 被动返乡型 (72)
(三) 小结 (75)

三 返乡适应效果 (77)
(一) 整合型 (78)
(二) 归认型 (79)
(三) 区隔型 (79)
(四) 边缘型 (80)
(五) 小结 (81)

四 返乡类型间的逻辑联系 (82)
(一) 相互影响 互为因果 (82)
(二) 相互转换 时移事异 (83)
(三) 局限性 (83)

第四章 物质认同的张力与返乡社会适应困境 (85)
一 符号消费的现实两难 (85)
(一) 脆弱的标签：消费与社会流动假象 (88)
(二) 礼物的沉重：消费和关系的疏离 (91)
(三) 小结 (93)

二 物理空间的认同障碍 (94)
(一) 区域发展 (94)
(二) 自然环境 (96)
(三) 公共空间 (97)
(四) 食宿条件 (102)
(五) 小结 (103)

第五章 承诺与冲突：角色认同的矛盾与社会适应 (105)
一 工作认同与返乡社会适应 (105)
(一) 工作与薪资 (106)
(二) 工作与社会流动 (110)
(三) 职业生涯的接续与断裂 (112)

（四）工作中的人际关系紧张 …………………………（114）
　　（五）小结 ………………………………………………（116）
二　家庭认同 ……………………………………………………（116）
　　（一）为人子女 …………………………………………（117）
　　（二）夫妻关系 …………………………………………（118）
　　（三）亲子关系 …………………………………………（125）
　　（四）择偶之困 …………………………………………（127）
　　（五）小结 ………………………………………………（128）

第六章　归属与安全感：集体身份认同的变化与社会适应 ……（131）
一　民族身份认同 ………………………………………………（132）
　　（一）民族语言文化差异 ………………………………（132）
　　（二）民族间阶层区隔 …………………………………（134）
　　（三）小结 ………………………………………………（136）
二　国家身份认同 ………………………………………………（136）
　　（一）政治身份认同 ……………………………………（137）
　　（二）文化身份认同 ……………………………………（143）
　　（三）小结 ………………………………………………（146）
三　宗教身份认同 ………………………………………………（146）
　　（一）物质资源分享 ……………………………………（147）
　　（二）社会网络衔接 ……………………………………（148）
　　（三）小结 ………………………………………………（149）

第七章　结论与余论 ………………………………………………（152）
一　结论概括 ……………………………………………………（152）
　　（一）朝鲜族返乡类型具有独特性 ……………………（152）
　　（二）返乡类型相互影响且相互转化 …………………（152）
　　（三）社会适应过程的多维度认同性 …………………（153）
　　（四）认同承诺不清致社会适应不良 …………………（154）
　　（五）角色认同更决定社会适应程度 …………………（154）
　　（六）跨国流动语境下国家认同强化 …………………（155）

二 对策回应 ··· (155)
（一）个体层面 ·· (155)
（二）社会层面 ·· (156)
（三）国家层面 ·· (158)
三 理论拓展 ··· (160)
四 本研究的局限性 ··· (161)

附 录 ··· (163)
附录1 赴韩务工人员社会适应问卷调查 ··················· (163)
附录2 赴韩务工青年返乡社会适应访谈提纲 ············ (169)
附录3 访谈对象基本情况列表 ······························ (170)
附录4 韩国签证种类列表 ····································· (172)

参考文献 ··· (173)

后 记 ··· (194)

第一章　绪论

一　问题的提出

（一）赴韩务工群体形成的时空溯源

20世纪90年代以来，世界经济全球化和区域经济一体化的进程不断加快。东亚地区，尤其是中日韩三国间的经济贸易关系日渐密切。1991年联合国开发计划署（United Nations Development Programme）正式将图们江开发作为第五次联合国开发计划，推动了东北亚地缘经济的合作发展。

吉林省延边朝鲜族自治州（以下简称延边）位于中、俄、朝三国交界处，是中国唯一的朝鲜族自治州。由于其独特的地理位置和社会文化特点，1989年起，赴韩劳务产业就成了延边地区主要的经济发展模式之一，对延边地区社会、经济、文化产生了深远的影响。为推动这一地区劳务产业的发展，延边州分别制定了一系列政策，对该产业进行规范管理和有效推动。延边人赴韩劳务的跨境流动现象，作为这一地区的典型社会经济形态有着深刻的移民历史渊源。

1868年（同治七年），由于朝鲜北部发生了前所未有的大饥荒，朝鲜移民第一次大批迁入延边地区。1910年8月，日本强迫朝鲜签订了《朝日合并条约》，吞并了朝鲜，大批不当亡国奴和破产的朝鲜农民迁移至延边地区。1910—1920年，迁入中国图们江以北的朝鲜人有93883人，延边地区朝鲜人口逐年增加。[①] 因为没有国籍身份，

[①] 崔昌来、朱成华：《延边人口研究》，延边大学出版社1992年版，第5—29页。

这些朝鲜人作为中国边境地区的非法移民受到当时本国、清政府和伪满洲国政策的多重影响。随着"以韩实边"政策的实行,延边地区朝鲜族人口急剧增加,从表1.1中,可以看出延边朝鲜族聚居地的人口变化总体情况。从1908年的8.90万人,到1937年的48.71万人,30年间增加39.81万人,年均增加1.33万人。

表1.1　　　　1908—2014年延边人口统计表　　　（单位：人;%）

年份	总人口	朝鲜族人口	占比	年份	总人口	朝鲜族人口	占比
1908	117050	89000	76.04	1995	2175888	859956	39.52
1918	271570	214500	78.99	2005	2175194	816244	37.53
1928	485267	382903	78.91	2007	2180383	807720	37.04
1937	644856	487121	75.53	2008	2187025	805710	36.84
1949	835278	529258	63.36	2010	2190763	801088	36.6
1958	1019077	579906	56.91	2011	2185937	797884	36.5
1970	1546153	687437	44.46	2012	2182059	796946	36.52
1978	1756938	714796	40.68	2013	2149707	782000	36.36
1988	2003043	813212	40.70	2014	2146000	778000	36.3

资料来源：延边州统计局：《延边朝鲜族自治州志》（上卷），中华书局1996年版，第255—277页；延边州统计局：《延边六十年统计年鉴（1949—2009）》，中国国际图书出版社2009年版，第55页；延边朝鲜族自治州地方志编纂委员会：《2011延边年鉴》，吉林人民出版社2011年版，第73页；延边州统计局：《2014延边统计年鉴》，中国国际图书出版社2014年版，第56页。

第二次世界大战结束后,这些朝鲜非法移民面临新的两难抉择：返回朝鲜故土或留在中国延边。因长期定居中国且形成了系统稳定的经济生活模式,大部分朝鲜移民最终选择了定居在中国。中国政府开放性地接纳了这批朝鲜跨境非法移民,赋予他们中华人民共和国公民的身份,并将朝鲜族纳入中国56个民族之中,中国延边朝鲜族自治州统计局数据显示：截至1949年,延边地区朝鲜族人口达529258人,约占延边总人口的63%。1952年9月3日,延边朝鲜族自治州成立，这一政治举措充分表达了中国政府对朝鲜族民族文化、社会风俗和社会发展的尊重和支持。延边朝鲜族自治州，成为朝鲜族人安居乐业的故乡。自1948年韩国建国至20世纪60年代，韩国是世界上最贫困的国家之一。自60年代起，韩国大力发展出口主导型加劳动密集型经济模式，至20世纪80年代以后，韩国经济持续快速发展，一跃成为亚洲最发达富裕的"四小龙"之一。此时，韩国大企业以优厚的待遇从中小企业挖走大量专业技术人员，使得中小企业劳动力严重不足，特别是"3D"（Dirty"脏"，Dangerous"险"，Difficult"累"）企业和以出口为主的中小企业人力资源匮乏，导致部分企业逐渐丧失竞争力甚至面临倒闭的危机。制造业、建筑业、水产业和农畜牧业劳动力严重缺乏，服务业中的餐饮、宾馆清洁和家政服务等领域人才匮乏程度达50%。为解决中小企业用工难问题，韩国自1992年开始推行引进外国劳动力的经济政策。

20世纪80年代，延边地区农业方面，也如中国其他农村地区一样实行了家庭联产承包责任制，在提高劳动生产率的同时，产生了大量农村剩余劳动力；而工业方面，延边地区受东北老工业基地整体萧条的影响，就业压力大。在这样的历史背景下，1992年8月中韩建交，延边朝鲜族和韩国之间的国际交往也开始正常化。这为延边人开拓国际就业视野，走出国门，融入国际社会提供了良好的契机。20世纪90年代初期，从延边出境到韩国、日本、俄罗斯等20多个国家和地区探亲访友的朝鲜族达56200多人，其中去韩国的就占70%以上。[①] 如表1.1所示，从1995年开始，延边地区朝鲜族人口出现负增长，到2008年末，延边地区朝鲜族人口为80.57万人，仅占延边地区总人口的36.84%。

韩国引进外国劳动力政策作出过三次重要调整。[②] 第一种引进

[①] 郑玉善：《论东北朝鲜族的对外交往》，《满族研究》2000年第1期。
[②] 周伟萍、李秀敏：《韩国引进外籍劳工政策与中韩劳务合作——以中国延边朝鲜族自治州对韩劳务输出为例》，《社会科学战线》2014年第10期。

外籍劳务的政策是1993年10月开始，韩国实施的"产业研修生制"。该政策规定引进的外籍劳工只能从事建筑业、制造业、近海渔业和近海商船、农业等工种。截至2007年初，韩国共引进外籍研修生340849人。但是"产业研修生制"过分牺牲外国研修生的人权和劳动待遇，使得大量研修生抵达韩国务工后，就选择逃离原工作场所，非法打黑工，滞留在韩国。如表1.2所示，2008年在韩滞留的16—60岁之间的中国非法滞留者就达到了82110人，其中中国朝鲜族的非法滞留人数达20524人，约占中国非法滞留韩国总人数的25%。2007年1月1日，"产业研修生制"因其所带来的诸多严重社会问题被废止。第二种韩国引进外籍劳务的政策是2004年8月1日正式实施的"雇佣许可制"，即企业在招聘不到本国劳动力的情况下，可以合法雇佣外籍劳工。由于卢武铉总统提出的"废除产业研修制，实行雇佣许可制"，2007年"产业研修制"被废除之后，"雇佣许可制"成为韩国引进外国劳务的最主要途径，截至2010年底，共引进外籍劳工45万人。虽然在对外籍劳工的选派程序、最低工资标准、保险和管理方面都做了明确规定，但该项制度也存在程序复杂、企业申请手续繁琐、等待时间长、行贿受贿、劳工非法滞留打黑工等问题。第三种政策是2007年7月开始实施的"访问就业制"，即韩国境外的朝鲜族可自由赴韩就业，引进对象为居住在中国和苏联等地的朝鲜族。中国朝鲜族凭借地缘和语言文化优势，成为韩国劳务就业市场的主力军。2007年韩国政府通过"访问就业制"引进居住在各国的朝鲜族赴韩务工，总引进名额为3万人次，其中分给中国朝鲜族的名额为20322人，居各国名额之首。乌兹别克斯坦、俄罗斯、哈萨克斯坦等其他国家的访问就业名额数分别为4022人、2500人、3156人。在访问就业的中国朝鲜族人中，以中国延边地区人数最多。2009年，访问就业制韩国语考试选拔中签的朝鲜族为59415人，其中延边地区的中签者就占了3万人左右。自1989—2008年的20年间，延边不完全统计下的派出劳务人员达199587人次。①综上，延边跨境劳务人员的

---

① 管延江：《中国延边地区对韩国劳务输出问题研究》，延边大学，2010年。

主要输出地为韩国,而延边人,特别是延边朝鲜族也成为中国对韩劳务输出的主力军。

表1.2　　　　　　2008年在韩滞留中国人现况　　　　（单位:人;%）

区分	滞留总人数	合法滞留者	非法滞留者		非法滞留率
			16—60岁	全体	
中国	556517	463307	82110	93210	16.7
朝鲜族	376563	349356	20524	27207	7.2

资料来源:韩国出入境外国人政策本部,统计资料,2008年12月31日。

延边大规模赴韩务工现象产生的原因在于:首先,文化方面,延边朝鲜族与韩国人民有着共同的民族历史渊源和相近的文化风俗。同源文化和语言是大多数延边人去韩国务工的原因;其次,社会网络方面,延边朝鲜族和一小部分汉族人由于族源、婚嫁等因素,至今在韩国仍有许多亲友。得天独厚的亲缘关系和良好的人际关系,也是延边人赴韩务工的原因之一;再次,中韩国际关系的改进为延边人赴韩务工提供平稳的政治环境;最后,在经济方面,韩国劲猛的经济发展和高收入成为延边人赴韩务工的拉力,而延边地区相对落后的经济发展和低收入,成为延边人走出国门跨境务工的主要推力。

(二)延边赴韩务工人员的主要特征

1. 农业劳动力居多

延边朝鲜族自治州位于吉林省境内,农业是这一地区的支柱性产业。据统计显示,1992年改革开放初期,延边地区的农业人口为91.5万人,占总人口的43%;[①] 2014年延边地区的农业人口为69.6万人,约占总人口的32%。[②] 延边农业人口外流情况十分显著,其中农村劳动力赴韩务工现象特别普遍。2007年前后,韩国受到金融危

[①]《延边统计年鉴(1993)》,延边朝鲜族自治州统计局1993年,第36页。
[②]《延边统计年鉴(2015)》,延边朝鲜族自治州地方志编纂委员会2015年,第22页。

机重创，经济低迷，引进外国劳工人数锐减。与此同时，延边地区农村劳动力出国务工人数锐减，如表1.3所示，2007年延边农村出国务工人数占总外出务工人数不到1%。随着韩国经济的复苏，延边农业劳动力出国务工人数比例剧增，以2010年为例，农村出国务工人数约占总外出就业人数的33%。

表1.3　2007—2012年延边农村劳动力就业与流动情况　（单位：户；人）

指　标	2007年	2008年	2009年	2010年	2011年	2012年
调查户数	700	700	700	700	700	700
家庭劳动人数	1786	1812	1731	1714	1720	1605
常住户劳动力外出人数	117	130	170	193	199	206
国外就业人数	1	34	56	63	59	59

资料来源：延边州统计局：《延边六十年统计年鉴（1949—2009）》，中国国际图书出版社2009年版，第153页；延边州统计局：《2010延边统计年鉴》，中国国际图书出版社2010年版，第153页；延边州统计局：《2012延边统计年鉴》，中国国际图书出版社2012年版，第149页；延边州统计局：《2013延边统计年鉴》，中国国际图书出版社2013年版，第151页。

根据韩国学者对赴韩劳工出国前的职业调查发现：以朝鲜族为例，出国前务农的劳工人数最多。[①] 可见，延边赴韩务工人员以农业人口居多。

2. 朝鲜族居多

2008—2009年，韩国出入境各国人数排行中，中国人人数一直都在第一位。表1.4显示，在韩国入境方面，中国朝鲜族的入境人数平均约占中国总入境人数的64%，而出境人口则平均约占中国总出境人数的23%。可见，中国朝鲜族每年赴韩人数占全国总赴韩人数之首。根据2012年韩国外籍劳工统计报告显示：韩国受雇的外

---

① 朴光星：《赴韩朝鲜族劳工群体的国家、民族、族群认同》，《云南民族大学学报》（哲学社会科学版）2010年第5期。

国劳动力中,中国朝鲜族受雇人数排行第一位,人数达 35.7 万;越南排第二位人数为 8.2 万;第三位是其他中国人(除朝鲜族以外的),人数为 5.6 万。① 中国朝鲜族由于地理、文化及经济发展等因素,通常首选韩国作为其跨境务工的目的国。长期以来,韩国外籍劳工都是以中国朝鲜族居多,特别是延边朝鲜族在韩国更是形成了不可小觑的外来打工群体。同时,中国移民在从韩国离境返乡人口方面也排在首位,其中中国朝鲜族返乡人口占总离境人口的 1/4。

表 1.4　　　　　　　　历年韩国国外移民排行表
(2008—2009 年)　　　　　(单位:万人;%)

排名	历年韩国入境的外国人数及国籍			
	2008 年		2009 年	
1	中国人	16.4	中国人	12.1
	中国朝鲜族人	10.6	中国朝鲜族人	7.6
2	美国人	2.5	美国人	2.8
3	印度尼西亚人	2.4	印度尼西亚人	1.6

排名	历年韩国出境的外国人数及国籍			
	2008 年		2009 年	
1	中国人	10.3	中国人	12.4
	中国朝鲜族人	2.3	中国朝鲜族人	3
2	美国人	1.6	美国人	1.9
3	菲律宾人	1.1	菲律宾人	1.1

资料来源:韩国统计网:http://kostat.go.kr/portal/eng/pressReleases/1/index.board?bmode=read&aSeq=273381.

3. 教育程度低

据延边统计局公布的调查结果显示,延边外出务工人员普遍受教育程度较低,赴韩务工人员的受教育程度也处于较低水平。如图 1.1 和表 1.5 显示,从 2007—2012 年间,平均有 68% 的延边外出务工人

---

① 2012 Foreigner Labour force Survey:韩国统计网 http://kostat.go.kr/portal/eng/pressReleases/1/index.board?bmode=read&aSeq=347692.

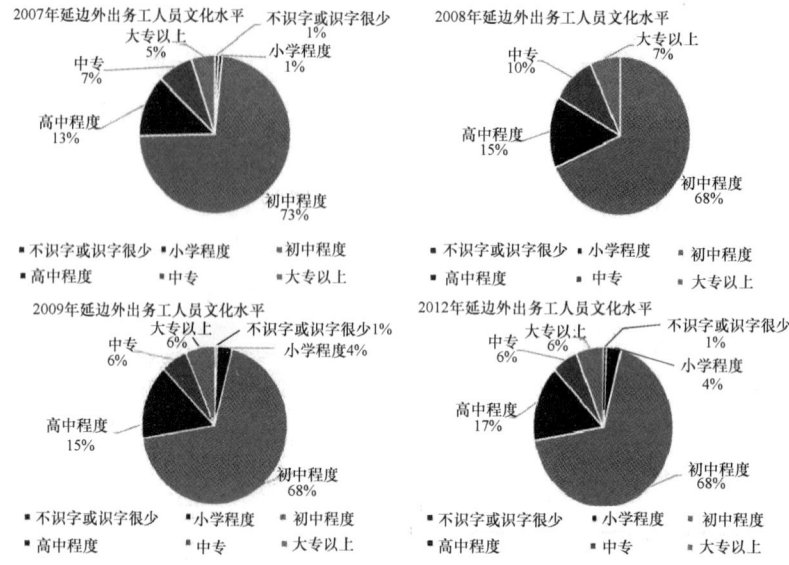

图 1.1　2007—2012 年延边农村外出劳动力的学历水平

资料来源：历年延边统计年鉴整理所得，详见表 1.5。

表 1.5　　　　　2007—2012 年延边农村劳动力外出
　　　　　　　就业人口学历水平　　　　（单位：户；人）

指标		2007 年	2008 年	2009 年	2010 年	2011 年	2012 年
外出劳动力文化程度	不识字或识字很少	1		1	1	1	1
	小学程度	1		6	8	6	5
	初中程度	86	89	116	114	129	130
	高中程度	15	19	26	39	31	34
	中专	9	13	10	16	15	19
	大专以上	6	9	11	15	17	17

资料来源：延边州统计局：《延边六十年统计年鉴（1949—2009）》，中国国际图书出版社 2009 年版，第 153 页；延边州统计局：《延边统计年鉴（2010）》，中国国际图书出版社 2010 年版，第 153 页；延边州统计局：《延边统计年鉴（2012）》，中国国际图书出版社 2012 年版，第 149 页；延边州统计局：《延边统计年鉴（2013）》，中国国际图书出版社 2013 年版，第 151 页。

员的学历为初中水平。由于中国赴韩务工人员所从事的都是农业、建筑、餐饮等行业的"3D"工作,对于学历没有过高要求。有学者通过定量研究证实朝鲜族即使文化程度较低也能在韩国找到合适的工作。① 这使得很多延边有出国赚钱意向的人不再为继续学习和进修作出努力,完成义务教育之后,就等待机会通过正规或非正规途径赴韩打工。

4. 在国内时收入低

如前文所述,赴韩务工人员大多以受教育程度较低的农业劳动力居多,而这些赴韩务工人员在国内时的经济收入是相当低的。

如表1.6所示,自1962年以来,延边地区农村的农民纯收入极低,入不敷出。以1962年为例,城镇职工在岗收入是农民纯收入的5.6倍;而消费方面,城镇在岗职工的平均消费仅是农村消费的1.6倍。且城镇居民历年收支方面都有所盈余,而农民的收支是年年入不敷出。城乡二元结构体制下,造成了农民和城镇职工经济和社会生活

表1.6　　　　　延边州历年收入消费对照表　　　　（单位：元）

年份	在岗职工平均收支情况		农村居民平均收支情况	
	收入	消费	人均纯收入	消费
1949	189	109		79
1962	700	239	124	149
1984	962	625	484	441
1990	1886	1610	744	816
1995	4118	3535	1347	1665
2000	7351	3962	1727	2434
2005	11966	5630	2661	4279
2010	23753	11874	5416	7048
2011	27465	14923	6250	8608
2012	31180	16956	7350	10044
2013	36712	20252	8351	12187

资料来源:延边州统计局:《2014延边统计年鉴》,中国国际图书出版社2014年版,第134—136页。

---

① 刘伟江:《延边朝鲜族劳动力外流及其影响研究》,《人口学刊》2014年第1期。

的巨大不平等,农民生活艰辛且难以为继。为了生存,农民必须走出固有劳作模式,离开熟悉的故土,到外面寻求生存之路。延边地区的很多农民和低收入者,就是这样无奈地选择加入了出国打工的行列。

5. 青年居多

国家地区经济的发展,离不开作为主要劳动力的青年作为经济持续快速发展的保障,而延边地区的外出务工群体却主要以年轻人为主。如图1.2所示,2007年、2008年和2009年,延边外出务工人员中年龄在21—25岁的人数最多,分别占总外出人口的37%、35%和35%;2011年,延边外出务工人员年龄在31—40岁的居首位,占总外出人数的39%。根据我国青年联合会对青年的界定,18—40岁的

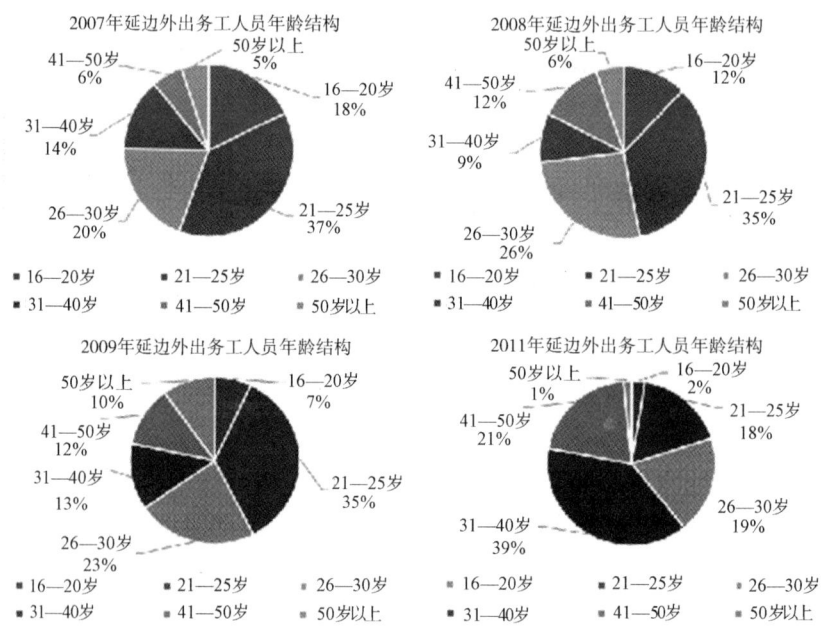

图1.2 延边外出务工人员年龄结构图

资料来源:延边州统计局:《延边六十年统计年鉴(1949—2009)》,中国国际图书出版社2009年版,第153页;延边州统计局:《延边统计年鉴(2010)》,中国国际图书出版社2010年版,第153页;延边州统计局:《延边统计年鉴(2012)》,中国国际图书出版社2012年版,第149页;延边州统计局:《延边统计年鉴(2013)》,中国国际图书出版社2013年版,第151页。

人群被列为青年群体。那么,以 2011 年为例,延边地区青年外出务工者占总外出人口的 78%,可见,延边地区的外出务工群体以青年群体为主力军。这些青年群体年富力强且具有一定的社会经验,易获得更多的工作机会,是外出务工群体的主流。[①] 有学者曾指出延边地区外出概率峰值的年龄是 40 岁;40 岁之前,随年龄增长劳动力向外流动的概率增加;40 岁之后,随着年龄的增加劳动力向外流动的概率逐渐减小。

与此同时,如表 1.7 所示,韩国 2008—2009 年国家统计官网公布的数据显示,韩国入境年龄结构中以 20—39 岁的青年人占最大比例,分别为 2008 年的 56.6% 和 2009 年的 56.5%。在国际经济的博弈中,人力资本是国际经济发展的重要动力,中国延边地区的青年劳动力大量外流和韩国大量流入外籍青年劳动力形成了鲜明的对比,这一社会经济现象会给延边地区带来怎样的社会问题,值得深入探讨。

表 1.7　　2008—2009 年韩国入境外籍移民年龄结构表　　(单位:人;%)

指标		2008 年		2009 年	
		总数	占比	总数	占比
韩国出入境外籍移民年龄结构	总数	312	100	243	100
	0—9 岁	11	3.5	11	4.6
	10—19 岁	21	6.7	17	6.8
	20—29 岁	110	35.1	86	35.3
	20—39 岁	67	21.5	51	21.2
	40—49 岁	48	15.3	37	15.3
	50—59 岁	37	11.8	28	11.5
	60 岁以上	19	6.1	13	5.2

资料来源:韩国统计网:"International Migration in 2009". http://kostat.go.kr/portal/eng/pre ssReleases/1/index.board? bmode = read&aSeq = 273381.

(三) 赴韩务工群体跨境流动的社会问题及影响

跨国劳务产业不仅为延边地区带来了经济的飞速发展,也改变了该地区的社会文化、家庭结构、教育模式等,使其成为一个典型的外

---
① 刘伟江:《延边朝鲜族劳动力外流及其影响研究》,《人口学刊》2014 年第 1 期。

向型、离散式的社会。

1. 漂泊的青年劳动力

赴韩务工群体人数庞大,教育程度不高,占据较少的社会资源,怀揣着改变生活水平和命运的梦想,奔波于韩国和中国之间。却很难在母国或客居国找到安定感和归属感。因此,长期处于漂泊状态,总是陷入一种"走出去—回国—再出国"的循环之中。这种漂泊的状态主要表现为行为和心理两个层面:首先是行为的漂泊状态,因为赴韩务工青年在试图通过跨国务工后回国发展改善自身的社会地位和经济水平。然而,返乡后的赴韩务工青年,其社会阶层并没有得到明显地提升,经济条件也因过度消费而很快处于劣势。其次是心理漂泊状态。虽然他们向往回国和家人团聚,但是由于长期离乡,与国内的亲友关系渐渐疏离,在韩国又很难建立强关系网络。由于很少真正融于国内或国外的主流社会,成为了被边缘化的群体。

2. 离散的家庭

赴韩务工青年在不断地游走于各国之间寻求更好的生活品质和自我价值的同时,面临的家庭危机接踵而至。

首先,就是不断增加的离婚率。有学者指出延边地区离婚的特征是:年龄方面,30—39岁的人提出离婚的最多;教育程度方面,以初中和高中文化程度的人离婚率最高,占总离婚人数的74.87%;民族方面,朝鲜族离婚率高于汉族和其他民族,占总离婚率的69.79%,女方提出离婚的多于男方,占总离婚率的70.14%。[①] 这些数据都与前文所述的赴韩务工群体性特征有着极强的关联性。还有因家庭成员长年出国务工而造成的离婚、感情淡漠最终导致的离散家庭问题等。

其次,由于中国的计划生育政策,这些出国务工青年大多是家中的独生子女,随着父母年龄的增大和身体每况愈下,延边空巢老人养老问题,是这些青年所面临的重要问题。据调查,延边农村60岁以

---

① 姜海顺:《浅谈延边地区离婚案件的新特点》,《延边大学学报》(社会科学版)2000年第3期。

上人口占83%。在延边农村，祖孙三代同堂的主干家庭模式非常罕见，"光棍独居""老人独居"或"老人+中年光棍"的家庭结构反而越来越常见。①

再次，是大龄青年找不到合适的婚配对象问题。根据2008年龙井市计生委发布的报告指出：龙井市7个乡镇农村未婚男女比例平均为20∶1。剩男剩女问题已成为延边农村社会的又一症结。而对于延边农村出国务工青年，找到合适的结婚对象更是受到时间、空间等诸多因素的限制。

最后，是留守子女的抚养和教育问题。对于有子女的出国务工青年，通常是一方或父母双方外出务工，子女由祖辈老人抚养和教育。延边农村由于家庭功能失衡、亲情关系疏离、教育理念的误区等原因，造成留守子女的心理不健康和青少年犯罪问题。

3. 空心化的乡村

由于延边赴韩务工人数的明显增加，延边农村空心化程度加剧。第一，是乡村人口的空心化。延边地区人口总量流失过多。根据王春荣和朴今海在2013—2014年的实地调查发现，延边农村实际人口占户籍人口的30.4%。第二，是地理分布格局的空心化，由于人口的大量外流，农村房屋大量空置，因生活和交通的不便，很多村、屯逐渐废弃或合并，甚至走向终结。第三，是农林经济空心化。农村中青年劳动力的大量外流，使农业经济发展疲软，缺乏农业创新和发展的内源动力。第四，乡村政治空心化，农村基层干部队伍不稳，干部与村民相互脱节。第五，文化空心化，延边地区以朝鲜族民族文化为特点，与其他民族互动融合成了具有延边特色的地方文化。由于人口的空心化，朝鲜族文化传承主体和文化传承阵地受到了挑战。第六，人际关系空心化。人口的外流和中青年群体的常年不在家，使得家庭成员关系疏远化，生活社交圈陌生化。家庭、村邻关系的疏远化和陌生化，使得延边人对家乡的向往和归属感淡薄，进一步加剧了延边乡

---

① 王春荣、朴今海：《跨国人口流动浪潮下的边境农村空心化》，《满族研究》2015年第3期。

村的空心化。①

4. 畸形发展的地区经济

由于大量的跨境劳务收入汇入，延边地区形成了以消费为主的经济发展模式。这种消费型经济带动了延边地区零售、餐饮娱乐等行业的发展，工业经济发展严重滞后，最后造成延边人消费水平远超本地经济发展水平的异常现象。②

畸形的区域经济发展模式和畸形的消费方式造成了大量的社会问题，严重制约了延边地区的社会经济发展。首先，畸形的经济结构造成了延边社会发展的动力不足。延边地区的主要经济收入不是来自于区域内部的第一产业和第二产业的产值，而是靠区域内居民离乡打工汇入的劳务收入。延边地区经济的快速发展不是依赖于地区第一产业和第二产业总值的增加，而是依赖区域内居民在第三产业中强劲的消费能力。这使得延边地区的社会发展受到严重制约。人们普遍认为想要高收入且向更高的社会阶层流动，出国或者到国内大城市打工就是最好的捷径。有过外出务工经历的青年，返乡后大多不愿在本地打工。没有走出去的青年群体，如果工作和收入都不如意，心中也一直有一个外出打工的计划。区域内第一产业和第二产业发展不完善，青年劳动力不足等问题都制约着区域的社会发展。其次，畸形的消费模式带来严重的社会问题。因受到"出国打工—回家消费—再出国打工"的思想支配，延边地区过度消费和超前消费问题严重。延边地区物价不断增高，人们对长期可持续发展的计划不足。过度消费和娱乐性消费文化的影响下，不少留守儿童和青少年攀比消费，沉迷网络，流连于歌厅、台球厅、麻将厅和洗浴场所，甚至堕入赌博和毒品的深渊。

5. 隐患丛生的边疆安全

延边朝鲜族自治州位于中、朝、俄三国交界，延边的边境线绝大

---

① 王春荣、朴今海：《跨国人口流动浪潮下的边境农村空心化》，《满族研究》2015年第3期。

② 管延江：《中国延边地区对韩国劳务输出问题研究》，博士学位论文，延边大学，2010年。

多数属于乡村地区。由于村落的空心化，延边农村人口逐年递减，村屯逐渐荒芜，边疆地区的安全问题凸显。①延边三非外国人（非法入境，非法居留和非法就业）问题突出，经常有非法入境人员在延边从事盗窃甚至抢劫活动。因为青壮年劳动力外出务工，延边农村家庭大多是老弱病残，无法自我保护和抵抗。这些三非外国人在被发现后也常常暴力拒捕，甚至刺伤执法的警察。②延边地区内部也出现很多不稳定因素，比如打架斗殴，酒后寻衅滋事特别多。由于村里的村民很多都是男子独自在家，妻子在外打工，生活比较空虚，很多时候会聚集一些同样情况的村民在一起喝酒、打麻将，其间容易产生一些矛盾，出现打架的现象。恶性杀人案件偶尔发生。赌博、卖淫、嫖娼、吸毒等城市犯罪向农村转移。特别是交通要道、城乡接合部、旅游度假村以及商贸比较发达的农村集镇尤为突出。

（四）赴韩务工青年群体的返乡社会适应诉求

东亚自贸区的构想，使得延边这一边疆地区，成为了国家对外经贸发展的重点区域。同时，诸多的社会问题也把延边地区推上了政治、经济、文化和民生问题的风口浪尖。有学者从延边地区经济（蔡玲1993，崔哲2001，李宁、管延江2009，张波2010，朴娟姬2012等）和延边农村问题（刘杰2014，王春荣等2015）出发，试图找到振兴延边地区经济和农村社会之路。还有学者从延边留守子女问题（朴今海2009，张永学2010，封莎等2011）的角度进行研究，探索解决赴韩务工潮带来的家庭问题。现有研究大多聚焦于对延边社会经济的研究，很少关注参与和主导所有赴韩务工的经济、政治、社会发展历程的核心主体——赴韩务工者本身。现有关注赴韩务工者的文献中，也多聚焦于这一群体在境外的适应情况（成婧2016，李梅花等2016），而在赴韩务工人员返乡研究上却少有关注。

---

① 刘杰：《乡村社会"空心化"：成因、特质及社会风险——以J省延边朝鲜族自治州为例》，《人口学刊》2014年第3期。
② 《延边三非外国人问题突出 隐瞒真实身份逃避监管》，《法制日报》2012年第5期。

本研究认为，延边人口外流的主体是赴韩务工者，特别是青年赴韩务工者；延边离散家庭成员中缺失的也是赴韩务工者，特别是青年赴韩务工者；空心化的村落和社会中不在场的还是赴韩务工者，特别是青年赴韩务工者；延边地区经济振兴的主力军应该是这些在国外积累了一定经济和技术资本的跨境务工者，特别是青年赴韩务工者。要想解决延边社会因赴韩务工的流动带来的系列问题，应该聚焦于赴韩务工群体本身，特别是青年赴韩务工群体。与此同时，本书认为赴韩务工青年返乡的社会适应研究应该从时间的变迁着眼，关注赴韩务工人员在回国后的融入和发展问题；在空间的不同场域里，探查赴韩务工群体国际流动中的适应问题。这项研究，既有助于提升返乡者个体的幸福感和归属感，也有利于振兴和发展延边，助推地区经济，和谐延边社会和保护边疆安全。因此，赴韩务工青年返乡的良性社会适应是个体、社会和国家的共同诉求。

首先，返乡社会适应是赴韩务工青年群体自身的诉求。他们在返乡后迫切需要达成社会适应，从而能够实现职业的良性发展，情感的紧密联系，社会网络的拓展和社会的认同。根据美国经济社会学家马克·格兰诺维特的强弱关系理论：强关系指的是个人的社会网络同质性较强，人与人的关系紧密，有很强的情感因素维系着人际关系。[①]中国就属于强关系型社会。而弱关系是个人的社会网络异质性较强，即交往面很广，交往对象可能来自各行各业，因此可以获得的信息也是多方面的。在弱关系社会里，一个人认识的各行各业的人越多，就越容易办成他想要办成的事。而那些社交网络比较固定、狭窄的人，则不容易办成事。从调查中发现，延边农村出国务工青年由于地域和时空的间隔，在国内的强关系正在逐渐弱化，弱关系大部分也已断裂；在国外无论是强关系还是弱关系都处于缺失状态。在一个人的社会适应进程中，青年阶段正是建构和强化这种强弱关系的关键时期，关系网的断裂与弱化，无疑使得这些本就处于弱势地位的农村青年的

---

① Granovetter, M. S., "The Strength of Weak Ties", *The American Journal of Sociology*, 1973（6），pp. 1360–1380.

社会适应进程雪上加霜。

其次,家庭需要赴韩务工青年的回归。特别是中国家文化背景下,家庭的团圆和家庭成员对家庭的经济和情感的支持是家文化的主旋律。原生家庭的情感维系、青年组建自己的家庭、老人的赡养和子女的陪伴与教养都需要赴韩务工青年的回归和返乡后的迅速融入与有效的社会行动。

最后,国家和地区社会发展也需要赴韩务工青年的回归和融入。有学者指出劳务输出的良性发展路径应该在于:"输出劳务,引回人才;输出劳动力,引回创业者;输出生产者,引回经营者;输出打工仔,引回管理者。"①延边地区因长期向外输出青年劳动力,造成的青年劳动力严重缺失、农村空心化、留守儿童问题、空巢老人现象严重、边疆社会的稳定和安全问题已经十分严峻。延边社会就像一个贫血的有机体一样,缺乏生命力。赴韩务工青年群体的返乡将像新鲜血液一样重新输入社会的有机体,为社会带来发展和前进的动力。然而,这些"血液"能否真的适应社会的有机体,能否符合社会有机体健康发展的需要,会不会因为"血型"匹配有误而造成社会的排异反应,从而造成血液的浪费和对社会有机体的伤害。因此,赴韩务工青年的返乡社会适应问题对于社会的良性发展至关重要。国家和社会应该明确帮助和扶持返乡者顺利回归,返乡青年们也需要了解如何调整自身以适应和促进社会的发展。这样才能实现人才的"外出务工—回乡反哺"的良性循环。

(五) 本研究探讨的主要问题

本研究从以下四个方面探讨赴韩务工青年的返乡社会适应问题。

第一,青年赴韩务工群体的形成及其特征。

从中韩国家政策出发,通过对区域经济发展的描述和出国务工群体的分析,总结出青年出国务工群体的形成时代背景及其特征,包括

---

① 张熙尖、李明淑:《促进服务业的崛起延边州服务业发展问题研究吉林》,吉林人民出版社2007年版,第47—49页。

对这一群体自然属性、社会属性的总结。

第二，赴韩务工青年群体的返乡类型及特点。

赴韩务工群体返乡的类型划分是从宏观的角度对返乡群体的返乡行为进行归类，同时对出国务工青年群体在价值观、文化认知、社会互动等方面进行静态地描述和分析。

第三，赴韩务工青年群体的返乡社会适应过程及效果。

本研究还试图描述和分析赴韩务工青年群体的返乡轨迹，动态地展现和探索其返乡适应的过程和效果问题。

第四，赴韩务工青年群体的返乡社会适应困境及对策。

从国家、社会、个人层面提出赴韩务工群体的良性返乡路径，提出解决困境和良性社会适应的策略。

二 相关概念辨析

(一) 青年赴韩务工者

国际上对青年的年龄界定是：联合国对青年年龄的划分为15—24岁的人为青年；世界卫生组织规定14—44岁的人为青年；联合国教科文组织认为14—34岁的人为青年。在我国，国家统计局将15—34岁的人界定为青年，共青团认为14—28岁的人为青年，而青年联合会界定18—40岁的人为青年。

本书主要研究的是中国延边地区去韩国进行劳务输出的青年群体，根据《中华人民共和国民法通则》第十一条：18周岁以上的公民是成年人，具有完全民事行为能力，可以独立进行民事活动，是完全民事行为能力人。延边州劳务年龄规定为18岁以上的中国公民，因此本书研究采用青年联合会的界定标准，将研究的主体定为：延边州18—40岁有过一次或一次以上以打工为目的的赴韩国务工经历的青年。本书所研究的青年群体仅指赴韩以劳务工作为首要目的的人群，不包括赴韩留学、旅游且兼职打工的青年人。本书所研究的这一群体的普遍特征是在文化资本、社会资本和经济资本的占有上非常有限，希望通过打工改变自身的经济状况，进而改进其文化资本和社会资本的占有情况。

青年社会适应是青年人（18—40周岁）对外在社会环境、文化与内在身心融合与平衡的过程。在此发展过程中，青年在生活、工作和交往中学会选择和放弃，独立处理日常生活和承担社会责任，以期达到社会所期望的能力和水平。青年的社会适应是社会文化得以积累和延续，社会结构得以维持和发展，青年自身得以形成和完善的过程。青年社会适应研究的内容主要包括个人认同、角色身份认同、集体身份认同和物质认同四个层面。

认同和社会适应情况是随着年龄的变化，其社会语境、社会关系都发生变迁，特别是青年时期，经历职业、婚姻、家庭身份的构建和转换，人的身份认同也在发生巨大变化。所以在考察返乡社会适应问题上，本书聚焦于青年群体，在整个生命历程的视域下，更清晰、准确、具体地展现青年时期人的社会适应状态和过程。

（二）返乡

本书所指的返乡包括三层含义：从空间层面讲，本书的返乡首先是指跨越国境的归国；其次是讲返乡者返回自己出生及成长的家乡；从时间层面讲，本书所研究的返乡不仅关注长期归国返乡人员，还包括中、短期归国返乡者。

（三）社会适应

社会适应（social adaption）这一概念是由斯宾塞最早提出，是指个体的观念、行为方式随社会环境发生变化而改变，以适应所处社会环境的过程。社会适应是个体在与社会环境的交互作用过程中获得社会生存的基本法则，是追求个人与社会环境达成和谐平衡关系的过程。社会适应良好意味着人的物质与精神需要得到较好的满足。因此，社会适应对个体的生存与发展具有重要意义。在遇到冲突和挫折时，人们通常能采取适当的策略，调整自身的心理和行为，以适应社会生活。

本书所指的社会适应是指赴韩务工青年在回国返乡后，在下列情

境中的认同和融入程度:

第一,个体层面:是否能够为适应返乡生活制定未来目标和规划,并采取相应的心理调适和社会行动;

第二,关系层面:能否成功扮演和认同自己在家庭、工作和社会网络中的角色,并得到他人的认可;

第三,集体层面:是否对国家、民族、宗教团体等所属集体有归属感和认同感;

第四,物质层面:对所拥有的物质和所处的物理空间是否满足和认同。

三 研究意义及创新之处

(一)实践意义

本书旨在为赴韩务工青年提供多元化的发展思路,使其不是被现实困境所束缚而被动去适应现实;为出国劳务政策的制定者和管理者如何能够以人为本地管理和扶持返乡者,提供学术参考。

一是从个体发展层面,本书将返乡者"出国劳务—回国发展—(想)再出国"这一群体性规律,放在客观的关系角色和政治、经济、文化背景中去探究其行为的自主选择性和文化规制的制约性。进而为赴韩务工青年提出返乡社会适应策略和建议。

二是本研究成果可以为其他跨境务工群体的返乡社会适应问题起到借鉴作用。中国第六次人口普查数据显示,截至2010年11月,中国总的流动人口规模达到2.2亿人,占总人口的16.5%。改革开放以来,全球化、工业化、现代化、市场化、城市化、个体化引发了大规模的人口流动,对整个中国社会以及流动者的生活产生了深远的影响。延边赴韩务工群体是流动较早、流动比例较高、流动范围较广的跨境务工群体,对这一群体进行返乡社会适应研究,会为其他流动返乡群体更好地适应社会起到一定的借鉴作用。

三是从边疆民族社会安定角度:从国际层面,根据最近十几年民族学的研究表明:跨界民族问题是涉及国际地缘政治的重大问题之一。朝鲜族属于跨界民族,一旦对跨界民族采取不恰当的政策或民族问题处理不当,就会引起严重的后果。中国是一个拥有56个民族的国家,有30多个跨界民族。① 积极研究跨界民族为主的跨境流动问题,有助于保障边疆地区社会安全和稳步发展。从国内社会来看,因为青年劳动力的国外流出,高居不下的离婚率、吸毒、留守儿童、乡村治安问题使得边疆社会存在大量安全隐患。② 研究赴韩务工青年群体的返乡社会适应问题有助于解决边疆社会家庭离散的相关问题,促进边疆社会的安定和谐发展。

四是研究赴韩务工青年的返乡问题有益于促进延边区域经济发展,为中国在东北亚一体化经济合作与竞争中提供优质充足的人力资本。一个地区的经济发展受该地区的经济禀赋制约,包括地缘、业缘、人缘方面的资源和优势。因此,对人的研究,尤其是对延边地区的主要生产要素——青年劳动力的研究至关重要。对青年赴韩务工群体进行民族学、社会学、人类学、人口学、心理学、历史学和经济学等方面的交叉学科研究,描述其空间流动与社会流动的状态、频度和特点,并分析其返乡流动的社会适应状况,有的放矢地解决赴韩务工青年返乡过程中的困难,有助于促进劳动力回乡反哺,从而加快区域经济的良性稳定发展。

(二) 理论意义

国际上,对跨国务工群体的返乡研究已有了较多的理论研究成果。但是,很多理论在应用中不能完全适用于中国文化和国情。由于中国对外开放时间仅有40年,人口的国际流动理论研究还有待发展和细化。以返乡研究为例,大部分研究在研究对象上偏重于留学生和华侨的返乡研究,对于跨国劳工返乡的研究还没有形成系统和成熟的理论研究方法。因此,对赴韩务工群体的返乡研究,发展具有中国特

---

① 徐芳:《中国朝鲜族流动人口社会适应研究》,2013年,第184—185页。
② 张艳春:《少数民族地区农村社会治安存在问题及对策分析——以延边朝鲜族聚居村落为例》,《黑龙江民族丛刊》2011年第2期。

色的返乡社会适应理论是具有时代和学术意义的。

第一，本书就跨境返乡群体进行多角度的类型划分，从返乡时间、返乡动机和返乡适应情况三个不同视角，将跨境返乡群体划分成了不同类型。划分不同类型的意义在于：一是厘清返乡群体的范围。例如，在以往研究中，返乡者研究大多只包括有意于长期返乡的归国者。但随着个人、政治、经济和文化环境的变化，有意于长期返乡的群体可能会变为短期返乡者，有意于再次出国的返乡者可能会转变为长期返乡者。因此，要对返乡动机和返乡适应效果进行研究，除了要包含返乡1—3年及以上的中、长期返乡者，也需要将返乡时间在1—12个月之内的返乡者一并纳入返乡研究对象群体之中，这样才能全面立体地考察跨国返乡群体的社会适应情况。二是细分返乡目标。只有明确返乡者跨国回流的目的，才能了解其社会互动过程中各种社会行为的原因和动机，也才能对其社会适应效果加以预判和评价。例如，休养型返乡者回国的目的不是找工作并长期定居国内发展，那么其返乡社会适应程度就不能用是否找到满意工作这一变量作为主要衡量其返乡社会适应的标准。三是明确返乡适应程度。要想对返乡者的社会适应作以评价，就需要先设定好返乡适应的程度标准。这种标准的制定要看返乡者的个人经历和适应诉求。本研究主要考虑返乡者具有跨国经验，从"是否延续他国文化和生活方式"来看返乡者出国经历对其回国后的影响，从"是否接纳国内文化和工作生活方式"来看返乡者回国后的融入情况。这一标准主要是针对"出国—返乡—（想）再出国"的国际漂泊流动现象提出的返乡社会适应的标准。

第二，本书拓展了跨境流动中返乡社会适应的理论方法。本书将社会学的认同理论和心理学的社会认同理论进行跨学科理论整合。从（关系）角色认同和集体认同的多重视角去关注赴韩务工青年的返乡社会适应问题，将返乡者的社会适应问题放在三个不同时空和四个不同维度进行考察。

首先，三个不同时空是指：出国前、旅居他国中、返乡后这三个不同时间和空间。本研究认为，返乡社会适应问题不能只是单一的关注跨国流动者回国后的社会互动问题，应该把跨国回流者在出国前的社会背景和在国外旅居期间的社会适应情况都纳入返乡研究的视野之中，这样才能更全面透彻地分析其返乡社会适应问题的根源和解决之道。例如，一个出国前结过婚且有孩子的返乡者和一个出国前单身的返乡者，其返乡目的很可能是不同的，那么其对返乡社会适应的诉求及自我评价也是有差异的。从经济环境来讲，假如返乡者在出国前，家庭经济条件较差，听说韩国能赚到很多钱，为改变经济情况，借钱交给中介公司办理赴韩务工事宜。由于本人工作签证的限制和韩国经济危机等原因，没有赚到钱，反而欠下大量债务，那么当签证到期，返乡者回到国内时，他的返乡生活一定深受出国前和出国后相关经历的影响，返乡适应程度也会因欠款和失败的打工经历而受到负面影响。

其次，四个维度是指返乡者在社会适应过程中的自我认同、物质认同、关系（角色）认同和集体认同。这四个维度从微观、中观和宏观多个层面看返乡者的社会适应情况。自我认同考察返乡者在人与人、人与社会和人与国家的互动过程中，个体的能动选择和自我评价；物质认同是从个体在跨境流动过程中对自己所拥有的物质符号和所存在的物理空间的认同与评价；关系（角色）认同是看个体在诸如家庭、工作和朋辈群体当中所承担的角色，以及关系群体内对个体所扮演角色的认同程度；集体认同是考察个体在民族、国家和宗教团体内的归属感和认同感问题，同时也是考察不同团体对团体内成员的认同程度。这种双向认同的过程就是个体是否适应其物质条件、关系角色和集体身份的过程。因此，从四个维度整合性地分析返乡者的社会适应问题是具有理论意义的。

（三）创新之处

本书的创新之处体现在以下三方面：

第一，研究的理论视角。国际上对跨国劳工社会适应的研究已不少，而对中国跨境务工群体的研究大多局限于劳工在客居国的社会适应情况，对中国劳工的返乡社会适应研究几乎鲜少关注。而国内对跨国劳务群体的研究方面，也多聚焦于跨国务工群体在客居国的社会适应情况，返乡研究较少。国内的返乡研究多集中于对回国留学生和回国华侨的研究，对返乡跨国劳工群体的关注凤毛麟角。而在返乡劳工的研究中，对青年返乡劳工的关注目前还没有。本研究试图以返乡跨国务工青年群体为研究主体，以赴韩务工的时间和空间的流变与转换为线索，深描这一群体出国前、旅居期间和返乡后的人生轨迹，分析其返乡社会适应的过程和问题，从中发现个体间、个体与物质、个体与社会及个体与国家的关系及互动规律，从而从个人、社会和国家层面给出帮助返乡跨国务工青年群体的社会适应策略。

第二，对边疆民族地区跨境务工返乡类型的划分。本研究从返乡时间、返乡动机和返乡效果等多个层面对跨境务工返乡群体进行分类，并分析其内在逻辑关系，为返乡人员的研究补充了类型划分层面的研究内容。从返乡时间看，可以更全面清晰地界定返乡者的概念，可以分为：长期返乡者、中期返乡者和短期返乡者；从返乡动机的视角划分，可以明确返乡者返乡的目的和返乡诉求，可分为主动返乡型和被动返乡型两种。其中，主动返乡型包括：休养返乡型、保守返乡型和创新返乡型；被动返乡型包括：他国政策不利返乡型和他国不适返乡型两个子类型。从返乡适应效果的角度，可以更好地评价返乡者的返乡适应程度。从对客居国和母国两个维度中，返乡青年对不同空间的文化与工作生活的延续和接纳情况，可以分为：整合型、归认型、区隔型和边缘型。

第三，返乡社会适应理论的拓展。国际上对返乡社会适应理论的研究很多，其中以社会学的认同理论和心理学的社会认同理论见长。本研究认为，对个体社会适应的考察，不应只局限于个体在社会关系中所扮演的角色是否成功，或者仅从宏观的视角看一个人对集体是否有归属感。返乡社会适应问题应该是一个心理、认知和行动相整合的研究，既要从个人的角度考察人对社会、国家和集体的认同，同时也要从反方向考察社会关系、国家和集体对个体所扮演的角色或所承载的身份的认同情况。因此，本研究整合了社会学的认同理论和心理学的社会认同理论，力图拓展返乡社会适应的研究模式，从出国前、旅居期间和返乡后的三重时空,以个人认同、物质认同、关系(角色)认同和集体认同四个维度整合性地考察返乡社会适应问题。

四 研究方法

本书主要采用定性与定量研究相结合的研究方法,运用人口数据进行统计分析,开展深入的民族学、人类学田野调查。通过访谈和问卷的调查形式在延边朝鲜族自治州 8 个县/市开展深入的田野工作。同时采用文献研究方法,对已有的历史资料、统计数据、地方志、民族志、档案文献等资料进行充分挖掘分析,以求各种资料相互印证,探求真相。

(一) 资料来源

1. 实证资料的搜集整理

实证资料主要包括调查问卷、访谈录音和笔记。主要资料收集方法如下:

问卷调查法:通过网络、微信和 QQ 及熟人推荐的方式找到调查对象并发放问卷。研究对象包括延边地区 8 个县市年龄在 18—40 岁之间的青年出国务工者。问卷发放及回收的时间是 2015 年 2 月至 2016 年 3 月,共发放调查问卷 500 份,回收有效问卷 465 份,其中朝鲜族答卷 232 份,汉族答卷 231 份,其他民族 2 份。

深度访谈法:通过采用半结构式访谈,对前期问卷调查结果的疑点和兴趣点进行补充和追问,也是对研究对象返乡轨迹的动态把握。访谈对象为 40 人,其中返乡务工人员 30 人,本地人员 7 人,村镇干部 3 人;性别方面,男性 21 人,女性 19 人;民族方面,朝鲜族 23 人,汉族 17 人;签证类型有 H2 访问就业签证 10 人,F4 外国同胞签证 3 人,F1 访问同居签证 2 人,F6 结婚签证 2 人,C3 综合观光签证 5 人,E2 会话指导签证 3 人,E5 专门职业签证 3 人,D2 留学签证 2 人。访谈时间为 2015 年 12 月至 2016 年 3 月,历时三个月,已形成近 15 万字的访谈记录。

参与式观察法：本研究在以往研究的基础上进行长期观察，通过与延边州 LJ 市 LM 村村民生产、生活领域的接触和长期观察，从大量现象中概括出研究对象的主要特征与日常实践。

2. 文献资料的搜集整理

一是历史资料，包括延边州及 8 个县市的发展历史材料和媒体杂志对出国劳务方面的相关新闻报道；二是政策文件，包括有关延边出国劳务的政策文献；三是中国、吉林省、延边州自 1989 年以来的相关统计年鉴等。本研究拟用以下方法对二手资料进行分析：

文献分析法：主要指搜集、鉴别、整理文献，并通过对文献的研究，形成对事实科学认识的方法。通过文献分析法这一经济且有效的信息收集方法，对与工作相关的现有文献进行系统性的分析来获取工作信息。一般用于收集工作的原始信息，编制任务清单初稿。

内容分析法：通过对文献的定量分析和统计描述来实现对事实的科学认识。

（二）分析方法

本书采取的分析方法是定量和定性分析相结合的方法。

定量研究从研究假设出发，将特定的社会现象和社会问题数量化。本书通过发放问卷收集数量资料，对赴韩务工群体的基本特征进行粗描，主要关注总体经济水平、年龄结构、文化水平、返乡类型等。

定性研究，又称质性研究、质化研究或质的研究。这种研究方法通过研究者自身亲自体悟研究对象的思维方式，建立主体间、情境化的意义解释。定性研究"以研究者本人作为研究工具，深入社会现象之中，在自然情境下采用观察、访谈和实物分析等多种方法，描述和归纳事件中的各种行为的变化和发展，理解其行为和意义"[①]。定性研究强调现实社会的建构性，注重研究主体与客体的紧密交流，重视

---

① 陈向明：《质的研究方法与社会科学研究》，教育科学出版社 2000 年版，第 1—12 页。

研究的价值承载性质和研究问题的情景局限性。①

五 本书结构

本书根据延边地区赴韩务工青年的返乡社会适应研究的四大维度谋篇布局，对赴韩务工青年群体在"出国—在韩打工—返乡"的跨国流动过程中，进行社会适应在不同空间、社会背景和制度的横向分析比较，同时，依据不同时代背景、国际流动的不同时期进行纵向的考察。全书共由三大部分七个章节组成。

第一大部分主要分析赴韩务工群体返乡社会适应研究的缘起、产生的时空背景，梳理国内外学术界对返乡适应研究的成果，最后陈述本书所采用的研究方法和理论：

第一章为绪论，主要介绍本研究的缘起，跨国务工青年群体在跨国流动中给本土社会带来的变化和问题及其自身对返乡社会适应的诉求。本章界定了研究主体的范畴和特定研究视角下所涵盖的内容。本书的研究方法是定量和定性研究相结合的方式，在对相关返乡类型进行定量划分后，侧重于对个案的质性分析。最后，本章介绍了研究的意义和创新之处。

第二章为国内外文献述评，集中梳理国内外学术界关于返乡社会适应研究的理论分野、情境影响因素、个体特征影响因素、返乡社会适应策略和研究方法的相关学术成果，并作出述评。通过相关分析，阐明认同理论作为本书的理论基础的科学性和合理性。

述评之后，本书提出了支撑本研究的理论分析框架。首先对认同理论的哲学思源和概念进行了系统的梳理；其次结合本研究，阐释认同与返乡社会适应的逻辑关系，从而确定认同理论研究作为返乡社会适应的分析和评价方式，通过认同的视角考察和分析赴韩务工青年的返乡社会适应问题；最后对认同理论进行了结构性整合细分，通过四

---

① ［美］诺曼·K. 邓津、伊冯娜·S. 林肯：《定性研究：方法论基础》，重庆大学出版社2007年版，第2—11页。

大维度涵盖返乡社会适应的多个层面，包括：个人认同、物质认同、关系认同和集体身份认同。

第二大部分为本研究的主体部分，集中分析和论述了赴韩务工青年在跨境返乡过程中返乡类型和社会适应情况。重点阐释了赴韩务工青年从关系身份认同、集体身份认同和物质认同的视角下的社会适应情况。本部分由四章组成。

第三章是返乡类型研究，通过对赴韩务工青年的返乡时间长短、返乡动机和返乡适应等多种变量的划分，将研究主体细分为不同的返乡类型，并阐释其内在联系，突出对赴韩务工返乡者进行静态的全局性把握。在本章最后，强调分析的局限性，进而引出对研究主体进行深入动态的社会适应分析的必要性。

第四章是物质认同与社会适应研究。主要分析赴韩务工返乡青年在归国后对贵重物品和服务的消费认同以及对所在物理空间的认同。通过对物质环境的认同研究，揭示研究主体在返乡过程中因物质消费和物理空间不认同等问题造成的社会适应困境，为后续返乡社会适应策略研究提供了物质认同面向的理论和实践依据。

第五章是关系（角色）认同研究，通过对赴韩务工青年在出国前、韩国旅居中和归国返乡后的家庭角色、职业角色、社会网络角色的认知、冲突和变迁，考察其返乡后的社会适应状况，并分析其关系身份张力的原因和适应策略。

第六章是集体认同研究，深入刻画和分析赴韩务工青年在出国前、韩国旅居期间和归国返乡后的国家身份、民族身份和宗教身份认同的变迁，从而分析身份认同变迁对返乡社会适应的影响。

第三大部分第七章独立成篇，为本研究的结论部分。本章集中总结赴韩务工青年群体在返乡过程中的认同冲突和变迁，进而反映这一群体的返乡适应的张力。基于上述分析，本研究提出了返乡社会适应分析模式。

第二章 国内外文献述评

一 返乡社会适应的理论梳理

(一) 心理层面的返乡社会适应研究

心理学对返乡心理变化进行了大量的研究。心理学研究范式关注的首先是跨境移民的返乡心理适应和返乡幸福感问题。社会适应就是个体人格形成与发展的过程,是一种人格适应。人们通过人格和心理的发展来应对压力,适应社会环境。[1] 返乡社会适应被界定在感觉、情感、精神反馈的基础上。

布莱克等(Black et al.)研究发现有70%的返乡者在返乡过程中出现了显著的心理不适。[2] 有学者甚至认为一个人返乡后所经历的心理挑战要远比出国阶段更大。[3] 心理学界认为返乡所面临的问题有:意料之外的困难、返乡准备不足、对国外生活的留恋等。古川(Furukawa)认为返乡者返乡后的抑郁情绪可以长达6个月,这种抑郁情绪的程度可以达到临床水平。[4] 这种心理抑郁情况在很多返乡群体中

---

[1] 黄希庭:《压力、应对与幸福进取者》,《西南师范大学学报》(人文社会科学版)2005年第5期。

[2] Black, J. S., "Coming Home: The Relationship of Expatriate Expectations with Repatriation Adjustment and Job Performance", *Human Relations*, 1992 (2), pp. 177 – 192.

[3] Chamove, A. S. & Soeterik, S. M., "Grief in Returning Sojourners", *Journal of Social Sciences*, 2006, 13 (3), pp. 215 – 220.

[4] Furukawa, T., "Sojourner Readjustment: Mental Health of International Students Furnham", A. & Bochner, S., *Culture Shock: Psychological Reactions to Unfamiliar Environments*, New York: Metheun, 1986.

有所体现，如学生①、国际受托人②、难民③、返乡农民工④和侨民⑤。

刘衔华在对返乡农民工进行心理健康与返乡生活满意度分析时，运用78项症状自评量表和生活满意感量表进行测量分析，结果发现返乡农民工的心理健康水平与其生活满意度存在正相关关系。⑥

阿德勒还就返乡模式提出了四因素矩阵，该矩阵建立在两种维度之上：总体态度（乐观的或悲观的）和具体态度（被动的或积极的）。这种应对模式描述了四种返乡的态度反应：第一种是再社会化（re-socialized），即乐观和被动态度下的返乡模式；第二种是主动前摄性适应（proactive），即乐观和主动态度下的返乡模式；第三种是疏离式（Alienated），即悲观与被动态度下的返乡模式；第四种是叛逆式（rebellious），即悲观和主动态度下的返乡模式。根据这一模型理论，积极态度的返乡者会致力于改变自身和周边环境，以期更好地适应母国社会组织。而被动的返乡者却没有采取任何预备性举措来辅助返乡进程。在另一维度中，乐观返乡者会正面评价其返乡过程，而悲观返乡者则通常会对整个返乡过程给予负面评价。⑦

然而，有关返乡者在返乡过程中所接受的心理挑战方面，学界也有不同的声音，苏斯曼（Sussman）的研究表明香港返乡者在返乡后并没有展现出太多与心理有关的负面反应。这些研究都进一步证明了

---

① Cox, L., Going Home: Perceptions of International Students on the Efficacy of a Reentry Workshop (Doctoral Dissertation, Rossier School of Education, University of Southern California, 2006). 获取网址：http://www.region12.nafsa.org/lkcoxabstract.pdf.

② Black, J. S., Gregersen, H. B. & Mendenhall, M. E., *Global Assignments*, San Francisco, CA: Jossey-Bass, 1992.

③ Harrell-Bond, B., "Repatriation: Under What Conditions is it the Most Desirable Solution for Refugees?", *African Studies Review*, 1989 (1), pp. 41–69.

④ 梁彩花、周金衢：《张琼返乡农民工炫耀性消费行为的社会心理分析》，《广西民族研究》2010年第4期。

⑤ 吴瑞君：《海外归国人员就业状况及其影响因素——基于2011年上海基本侨情调查的分析》，《社会科学》2015年第5期。

⑥ 刘衔华：《返乡农民工心理健康与生活满意感的相关分析》，《中国临床康复》2006年第7期。

⑦ Adler, N. J., "Re-entry: Managing Cross-cultural Transitions", *Group and Organisational Studies*, 1981 (3), pp. 341–356.

返乡适应研究需要进行更多样化、更精确的细分和研究。①

（二）认知层面的返乡社会适应研究

返乡社会适应的另一范式是从认知层面研究展开的。认知心理学家强调在个体社会适应过程中认知的作用。社会适应的实质是个人运用自身的经验、知识和能力，通过调节自己的行为和心理来适应社会环境。

期待模型和文化身份模型是两个典型的具有代表性的研究成果。期待模型详尽地分析了返乡过程中个体对返乡的期待和现实变迁的冲突。② 这一研究范式翔实地记录了返乡前的期待是如何影响返乡后的社会适应过程的。与逆向文化震惊（休克）模型（reverse culture shock）相比，这一理论与跨文化研究的研究起点相似，都是从关注返乡者出国（境）阶段开始的，③ 对出国所面临的困难和所需做的准备给出了更多地关注和认同。然而，返乡的困难和准备问题却鲜少得到足够的重视。④ 这种现象出现的原因是基于一种常识性假设：认为返乡者对母国与母国社会组织非常熟知，无须进一步了解和分析。而实际情况是：返乡者自身与母国的社会环境都在其旅居国外期间发生着巨大变化。

文化适应（Acculturation）指个体从母文化进入异质文化后，通过学习和接纳新环境中的社会标准和价值观所产生的行为变迁和适应过程。⑤ 它通常是个体再社会化过程中的一种文化适应。贝利（Berry）对身处客居国的跨文化参与者提出了四种文化适应的模式：第一，文

---

① Sussman, N. M., "Identity Shifts as a Consequence of Crossing Cultures: Hong Kong Chinese Migrants Return Home", In K. B. Chan, J. W. Walls & D. Hayward (Eds.), 53. Leiden: Bril, *East-west Identities: Globalization, Localization & Hybridization*, 2007, pp. 121-147.

② Rogers, J. & Ward, C., "Expectation-experience Discrepancies and Psychological Adjustment During Cross-cultural Reentry", *International Journal of Intercultural Relations*, 1993, 2, pp. 185-196.

③ Black, J. S. & Gregersen, H. B., "Expectations, Satisfaction, and Intention to Leave of American Expatriate Managers in Japan", *International Journal of Intercultural Relations*, 1990 (4), pp. 485-506.

④ Black, J. S., Gregersen, H. B. & Mendenhall, M. E., "Toward a Theoretical Framework of Repatriation Adjustment", *Journal of International Business Studies*, 1992 (4), pp. 737-760.

⑤ Fred E., *Yandt*, *Intercultural Communication*, Sage Publications, 3rd ed, 2000, p. 356.

化整合（integration）是指客居者在保持和坚守母国文化的同时，能够接受并认同客居国的文化和价值观；第二，文化同化（assimilation）是指客居者不再维护和认同母国文化，倾向与客居国文化的积极互动并认同客居国文化；第三，文化隔离（segregation）是指客居者只保持和认同母国文化，排斥客居国的文化价值观和社会互动；第四，文化边缘化（marginalization）是指客居者对母国和客居国的文化和价值观都不认同，也不想与任何一种文化进行互动的状态。① 在贝利的理论模型基础上，关注返乡务工群体的学者提出了四种返乡文化适应模式：第一是融合型，指返乡者在返乡后对本国（本土）的文化和价值观有认同感和归属感，同时也能与客居国（地）文化保持积极的联系；第二是回归型，指返乡者对本国（本土）文化十分适应和认同，对客居国（地）的社会文化产生强烈排斥心理；第三是隔离型，指返乡者深深怀念和认同客居国（地）文化，对本国（本土）文化不适应，产生排斥感甚至距离感；第四是边缘型，指返乡者对本国（本土）和客居国（地）文化价值观都不接受也不认同。② 从而将自身与本国（本土）和客居国（地）社会和文化隔离开来，同时也被本国（本土）和客居国（地）的主流群体和社会文化边缘化了。

古拉格霍恩的 W 曲线理论模型，是返乡适应研究中最具代表性的理论之一。该理论是在 U 形理论基础上对返乡适应研究的一个拓展。1960 年欧博格（Oberg）首次提出 U 形模式。U 形模式指出跨文化适应的人存在着情感适应的四个阶段：蜜月期（Euphoria）、危机期（culture shock）、调整期（adjustment）和适应期（acculturation）。③ 其中，蜜月期是指对新环境的正面积极的兴奋感受；危机期是指新环境中由于负面经验所带来的冲击和震惊；调整期是指学会适应新环境

---

① Berry J. W., "Acculturation and Adaptation in a New Society", *International Migration*, 1992 (30), pp. 69 – 85.

② 成婧：《跨国务工青年的返乡文化适应研究——以吉林省延边州 L 市为例》，《青年探索》2016 年第 3 期。

③ Oberg K., "Cultural Shock: Adjustment to New Cultural Environments", *Practical Anthropology*, 1960, 7 (3), pp. 177 – 182.

的调整过程;适应期是指在成功调整适应新环境后的平稳阶段。古拉格霍恩将 U 形曲线假说扩展为 W 形曲线假说,反映出在各文化区域间来回流动的文化适应过程和状态。W 曲线模型不但关照了个体在跨文化流动过程中的适应过程,同时也兼顾了个体在返乡过程中同样要经历喜悦期、不适期、调整期和适应期的过程。① 该理论反映出文化冲击、文化适应和逆向文化冲击的现象规律。

但是,阿德勒(Adler)对 W 模型中的 U 形曲线提出了不同的看法,他认为应该用更平缓的曲线表现再适应中的变迁。② 苏斯曼(Sussman)对这种返乡再适应过程中的曲线性表达提出了质疑。③ 此外,还有很多学者,如布里斯林(Brislin)和昂乌默其里等(Onwumechili et al.)对该模型提出了批评。他们认为,这种模型没能正确地评估返乡者在跨文化流动中的适应与再适应过程,特别是没能区分适应与再适应过程中影响因素的差异:(1)意料之外的返乡问题;(2)对故土的故有认知;(3)返乡者对自身变化的无意识;(4)母国家庭、朋友对返乡者的固有印象;(5)对返乡者的海外经历缺乏兴趣。④ 同时,他们提出了多重再适应理论,将不断进行跨文化流动的个体在母国和客居国之间的多重调试过程以循环曲线模型展现出来,以展现多重文化身份在适应过程中的多重变迁。⑤

现有研究成果中,返乡预期与返乡适应过程之间的关系问题,结论不一。罗杰斯和沃尔德(Rogers & Ward)在研究中并未发现返乡现实

---

① Gullahorn John T., Gullahorn, Jeanne E., "An Extension of the U-curve Hypothesis", *Journal of Social Issues*, 1963 (3), pp. 33 – 47.

② Adler, N. J., "Re-entry: Managing Cross-cultural Transitions", *Group and Organisational Studies*, 1981 (3), pp. 341 – 356.

③ Sussman, N. M., "Repatriation Transitions: Psychological Preparedness, Cultural Identity, and Attributions Among American Managers", *International Journal of Intercultural Relations*, 2001, 25 (2), pp. 109 – 123.

④ Brislin, R., *Cross-cultural Encounters: Face to Face Interaction*, New York: Pergamon Press, 1981.

⑤ Onwumechili, C., Nwosu, P., Jackson, R. L. & James-Hughes, J., "In the Deep Valley with Mountains to Climb: Exploring Identity and Multiple Reacculturation", *International Journal of Intercultural Relations*, 2003, 27 (1), pp. 41 – 62.

预期与心理调适之间呈显著相关。① 而迈克唐纳和亚瑟（Macdonald and Arthur）的研究结果却证明如果返乡期待得到满足，则会使返乡者更顺利地进行社会再适应。② 但上述两种研究都因被试样本数量有限而不能得出有效结论。施特劳等（Stroh et al.）在职业发展语境下研究返乡者在工作中的表现，他们发现如果现实达到他们的返乡工作预期，则返乡者会更愿意留在母国工作岗位，扎实工作；如果现实情况超出预期，则会致使返乡者以极高的工作积极性投身工作。③ 而布莱克（Black, 1992）的研究却证明只有准确的定位和预期才能获得最大程度的返乡再适应和最佳的工作表现。④ 随后，布莱克在接下来的研究中提出返乡再适应过程不应从返乡后开始，在返乡前进行认知上的返乡适应才是至关重要的。因为这有助于返乡者在返乡前就培养一种更现实的心理预期。⑤ 布莱克的理论得到了后来学者的支持。梅巴杜克（Mabarduk）研究美国外交人员配偶时发现，如果其返乡经历远比期待的更具挑战性，则其再适应难度也会加大。⑥ 查默夫等（Chamove & Soeteric）也认为如果缺乏对返乡过程的准备和认知，则返乡过程的压力也会成比例增长。⑦

文化身份模型是在认知层面研究返乡再适应过程的另一理论分

---

① Rogers, J. & Ward, C., "Expectation-experience Discrepancies and Psychological Adjustment During Cross-cultural Reentry", *International Journal of Intercultural Relations*, 1993, 2, pp. 185 – 196.

② MacDonald, S. & Arthur, N., "Employees' Perceptions of Repatriation", *Canadian Journal of Career Development*, 2003 (1), pp. 3 – 11.

③ Stroh, L. K., Gregersen, H. B. & Black, J. S., "Closing the Gap: Expectations Versus Reality Among Expatriates", *Journal of World Business*, 1998 (2), pp. 111 – 124.

④ Black, J. S., Gregersen, H. B. & Mendenhall, M. E., "Toward a Theoretical Framework of Repatriation Adjustment", *Journal of International Business Studies*, 1992 (4), pp. 737 – 760.

⑤ Black, J. S., Gregersen, H. B. & Mendenhall, M. E., *Global Assignments*, San Francisco, CA: Jossey-Bass, 1992.

⑥ Maybarduk, S. M., An Exploration of Factors Associated with Reentry Adjustment of U. S. Foreign Service Spouses, (Thesis M. S. W.), Smith College School for Social Work, Northampton, Mass., 2008. 资料来源网址：http://hdl.handle.net/10090/5911。

⑦ Chamove, A. S. & Soeterik, S. M., "Grief in Returning Sojourners", *Journal of Social Sciences*, 2006, 13 (3), pp. 215 – 220.

支。这一流派主要关注国际旅居者在国外和返乡后的身份认同变迁。根据这个理论概念，返乡过程中个人经历了深刻的转变是理论前提，从而影响其自身的文化身份和归属感。

苏斯曼（Sussman）基于对 11 位返乡者的研究，提出了 4 种身份演变的理论模型：首先，双重否定模式（Subtractive）是对母文化和旅居国文化都采取消极否定的态度；其次，客居国文化认同模式（addictive），是指对旅居国文化保持积极的态度；再次，母文化认同模式，是指对母国文化的强烈认同状态；最后，跨文化融合模式（intercultural），是跨文化交流过程中对母文化和旅居国文化都持积极认同的态度。这些身份认同的变迁是旅居者在客居国生活中行为调试和社会适应的结果，在返乡过程中就表现得更为显著。因此，持有"双重否定"和"客居国文化认同"观点的返乡者，在返乡适应过程中会因自身在返乡过程中对母国文化的不认同而备感压力。而持有"母文化认同"和"跨文化融合"观点的返乡者，其返乡再适应过程就容易得多。苏斯曼的实证研究为后续的返乡适应研究提供了理论支持，证明了身份认同变迁影响返乡再适应的程度。[①]

考克斯（Cox）基于对美国传教士从 44 个国家传教后的返乡适应研究提出了替代性的文化身份模型。该模型所包含的 4 种身份认同类型有：母国认同型（home-favored）、客居国认同型（host-favored）、整合型（integrated）和非整合型（disintegrated）。[②] 在此模型中，母国认同型和整合型在返乡适应程度上要高于客居国认同型和非整合型。与苏斯曼身份变迁模型不同的是，考克斯认为成功的返乡适应源于成功的跨境适应，即出国后的适应程度与回国后的适应程度呈正相关关系。这与本奈特（Bennett）提出的跨文化敏感性 6 阶段发展模型（DMIS，Developmental Model of Intercultural Sensitivity）不谋而合。这

[①] Sussman, N. M., "The Dynamic Nature of Cultural Identity Throughout Cultural Transitions: Why Home is Not so Sweet", *Personality and Social Psychology Review*, 2000 (4), pp. 355–373.

[②] Cox, B. J., "The Role of Communication, Technology, and Cultural Identity in Repatriation Adjustment", *International Journal of Intercultural Relations*, 2004 (4), pp. 201–219.

一文化习得理论认为个人如果能够成功融入客居国文化又与母文化保持有效联结,对其返乡社会再适应是有积极意义的。从民族中心主义阶段(ethnocentric stage)发展为民族相对主义阶段(ethnorelative stage)的过程中,该理论强调了人应拓展世界观,包容其他文化特点。本奈特认为,从适应文化差异(DMIS第五阶段)至构建融洽文化差异的新模式(DMIS第六阶段)与成功的返乡再适应过程息息相关。①

(三)行为层面的返乡社会适应研究

行为层面的理论学者将社会适应行为视为自我应激反应。这一研究方向关注个人在应对社会挑战和环境压力时的能动作用和自我调节机制。社会适应行为研究的视角通常是以解决社会适应的不良问题,着重分析个人在不适问题解决过程中的能动作用和调节作用。社会适应行为是个体的行为活动,是主观心理认知与客观物质环境交互作用的产物。福尔汉姆和博茨纳认为社会适应研究应该整合人格、认知、情境因素,从而对人的行为进行解释和预测。② 该研究认为,旅居者在国外期间,因社会文化的转变会造成深刻的个人转变,他们也学习并内化一系列新的行为及应对方式,这些新的行为方式有助于适应客居国的社会生活,一些在母国习得的行为方式就被遗忘和取代。因此,个体在返乡后需要重新习得和熟悉母国的社会技能。布莱克等(Black,Gregersen & Mendenhal)认为行为控制是返乡社会适应的重中之重。③ 这一学术流派认为成功的客居国社会适应与成功的返乡适应相关。这一理论的假设是如果个体能够很好地适应旅居生活,那么

---

① Bennett, M. J., "Towards Ethno-relativism: A Developmental Model of Intercultural Sensitivity", In R. M. Paige (Ed.), *Cross-cultural Orientation: New Conceptualizations and Applications*, New York: University Press of America, 1986, pp. 27-69.

② Furnham, A. & Bochner, S., *Culture Shock: Psychological Reactions to Unfamiliar Environments*, New York: Metheun, 1986.

③ Black, J. S., Gregersen, H. B. & Mendenhall, M. E., *Global Assignments*, San Francisco, CA: Jossey-Bass, 1992.

其也能运用这种适应技能于返乡过程中。① 但是,苏斯曼(Sussman)通过实证研究对该理论提出了批判,认为个体在出国后的适应情况与其返乡后的适应程度无关。②

卡西里诺(Cassarino)将四种研究框架整合起来对返乡研究进行探索:跨国主义、新古典主义经济学、结构主义和社会网络理论。该研究为返乡移民研究提出了概念性分析模型。③

二 返乡社会适应的情境影响因素研究

(一)时间因素

1. 客居国停留时间

有关客居国停留时间对返乡适应的影响研究,其结论是不一致的。有学者发现在客居国停留时间较长的返乡者比停留时间短的返乡者更难适应返乡过程。④ 布莱克和格莱格森(Black & Gregersen)的研究也表明在海外停留时间的长短仅会影响工作语境下的返乡适应过程。⑤ 萨里拉和芬娜斯(Saarela & Finnas)针对芬兰的研究发现,海外归国人员的就业水平显著低于本土劳动力,而且国外经历越长其就业概率越低。随着归国年限的增加,逐步融入和适应本土劳动力市

---

① Brabant, S., Palmer, C. E. & Gramling, R., "Returning Home: An Empirical Investigation of Cross-cultural Re-entry", *International Journal of Intercultural Relations*, 1990 (4), pp. 387 – 404.

② Sussman, N. M., "Testing the Cultural Identity Model of the Cultural Transition Cycle: Sojourners Return Home", *International Journal of Intercultural Relations*, 2002 (4), pp. 391 – 408.

③ Cassarino, J. P., "Theorising Return Migration: The Conceptual Approach to Return Migrants Revisited", *International Journal on Multicultural Societies*, 2004 (2), pp. 253 – 279.

④ Forster, N., "The Forgotten Employees? The Experiences of Expatriate Staff Returning to the UK", *International Journal of Human Resource Management*, 1994 (2), pp. 405 – 425.

⑤ Black, J. S. & Gregersen, H. B., "When Yankee Comes Home: Factors Related to Expatriate and Spouse Repatriation Adjustment", *Journal of International Business Studies*, 1991 (4), pp. 671 – 694.

场，就业概率随之上升。① 莫斯金（Muschkin）针对波多黎各的研究也得到类似结论。他发现从美国迁移回流的男性劳动力失业率高于本土男性劳动力，尤其是那些在美国生活超过 5 年或新近回到波多黎各的回流人员。②

然而，也有学者提出相反的论断。苏塔利和瓦利玛（Suutari & Valimaa）认为在海外停留时间只能作为总体返乡适应的影响因素，它与返乡者在职业和组织层面的工作效果无关。③ 格莱格森和施特劳（Gregersen & Stroh）对芬兰返乡者及其配偶进行返乡适应调查，发现他们在返乡后面临很多再适应困难，但所面临的困难程度与返乡者在海外停留时间长短无关。④ 还有一些学者的研究也证明国外旅居的时间长短与返乡压力程度和返乡适应挑战程度无关。⑤

2. 返乡时间

现有研究成果将返乡时间长短看作一种返乡适应的预测因素，同时对其影响程度和方式也有不同结论。格莱格森和施特劳的研究证明返乡时间长短与返乡工作及生活适应显著相关。桑切斯等学者（Sanchez Vidal et al.）提出应该在返乡工作适应模型中加入时间变量。⑥ 他们认为再适应时间越长，其返乡工作适应就会遇到越多的困难。因此，企业管理者应该致力于缩短归国员工的再适应期。也有学者对这一发现提出不同意见，考克斯（Cox）的研究表明返乡时间长

---

① Saarela, J. & Finnas, F., "Return Migrant Status and Employment in Finland", *International Journal of Manpower*, 2009 (5), pp. 489 – 506.

② Muschkin, C. G., "Consequences of Return Migrant Status for Employment in Puerto Rico", *International Migration Review*, 1993 (1), pp. 79 – 102.

③ Suutari, V. & Va¨limaa, K., "Antecedents of Repatriation Adjustment: New Evidence from Finnish Repatriates", *International Journal of Manpower*, 2002 (7), pp. 617 – 634.

④ Gregersen, H. B. & Stroh, J. K., "Coming Home to the Arctic Cold: Antecedents to Finnish Expatriate and Spouse Repatriation Adjustment", *Personnel Psychology*, 1997 (3), pp. 635 – 654.

⑤ Uehara, A., "The Nature of American Student Reentry Adjustment and Perceptions of the Sojourn Experience", *International Journal of Intercultural Relations*, 1986 (4), pp. 415 – 438.

⑥ Sanchez Vidal, M. E., Sanz Valle, R., Barba Aragon. I. M. & Brewster, C., "Repatriation Adjustment Process of Business Employees: Evidence from Spanish Workers", *International Journal of Intercultural Relations*, 2007 (3), pp. 317 – 337.

短与返乡再适应之间没有显著关联。① 这一悖论在一定程度上也对返乡 W 曲线模型提出了质疑。

(二) 文化距离

文化距离是指两种环境中的价值标准的差异程度（Kogut & Singh）②，对返乡社会适应过程影响重大。母国与客居国之间的文化差异对返乡适应过程具有重大影响。③ 在布莱克等人有关北美、西欧和日本返乡者及其配偶的研究中，日本返乡者特别是其配偶在返回更受限制的日本社会时困难重重。这一研究正应和了特安迪斯（Triandis）的研究。他指出当人从松散型社会（loose society，制约性社会标准和规则较少的社会）向紧绷型社会（tight society，行为规范极其严格的社会）迁移时是更加困难的。④ 这一推理也得到其他学者的认同，例如针对日本留学生返乡研究和芬兰返乡研究等。

值得注意的是，美国返乡语境下的研究不支持这种文化距离影响返乡过程假说。⑤ 格雷格森和施特劳（Gregersen & Stroh）研究证明国内文化的异质性和多样性程度有助于降低文化距离对返乡适应的影响。⑥

(三) 社会网络

返乡者与客居国社会成员的联系决定返乡社会适应是否顺利。在

---

① Cox, B. J., "The Role of Communication, Technology, and Cultural Identity in Repatriation Adjustment", *International Journal of Intercultural Relations*, 2004 (4), pp. 201 – 219.

② Kogut, B. & Singh, H., "The Effect of National Culture on the Choice of Entry Mode", *Journal of International Business Studies*, 1988 (3), pp. 411 – 432.

③ Kidder, L. H., "Requirements for Being 'Japanese', Stories of Returnees", *International Journal of Intercultural Relations*, 1992 (4), pp. 383 – 393.

④ Triandis, H. C., "The Self and Social Behavior in Differing Cultural Contexts", *Psychological Review*, 198996 (3), pp. 506 – 520.

⑤ Black, J. S. & Gregersen, H. B., "When Yankee Comes Home: Factors Related to Expatriate and Spouse Repatriation Adjustment", *Journal of International Business Studies*, 1991 (4), pp. 671 – 694.

⑥ Gregersen, H. B. & Stroh, J. K., "Coming Home to the Arctic Cold: Antecedents to Finnish Expatriate and Spouse Repatriation Adjustment", *Personnel Psychology*, 1997 (3), pp. 635 – 654.

旅居期间，与客居国成员互动的频率和质量直接影响旅居期间的适应程度。① 相应的，也有学者提出假说，认为返乡期间与客居国成员的频繁沟通也会影响其返乡适应情况。② 现存的实证研究并没有证明返乡者与客居国成员沟通的变量对其返乡适应有任何影响和联系，需要进一步研究证明。

返乡者在客居国（地）期间与母国社会成员的联系也决定返乡社会适应程度。研究证明，返乡者在国外期间与母国成员的联系对其返乡适应有着重要的影响。与母国成员的联系能够有效减少返乡者的返乡压力。同时，旅居期间经常回国探访也有助于返乡适应过程。③ 后续研究则进一步指出，回国探访和与母国成员互动的质量比频度更为重要，其质量主要取决于个人的满意程度和信息沟通过程。而且，一些诸如与母国成员发电子邮件的网络沟通方式与面对面沟通方式相比同样重要，甚至更能够维持原有社会关系。④ 上述研究一致认为，社会关系网络的欠缺制约着迁移回流劳动力就业。

返乡者母国社会成员对返乡者的态度也决定着返乡社会适应水平。另一重要的返乡适应的影响因素是母国成员对返乡者的态度。这一影响因素在文化距离和工作互动的研究中得到了一定的关照，但对母国同胞对返乡者的态度研究还有待发掘。大量研究显示，日本返乡者在返乡期间遭母国成员妒忌且受到了歧视行为的攻击。⑤ 更有一些极端案例显示，这种态度会以一种歧视的社会机制形式出

---

① Kim, Y. Y., *Becoming intercultural: An Integrative Theory of Communication and Cross-cultural Adaptation*, Thousand Oaks, CA: Sage, 2001.

② Rohrlich, B. I. & Martin, J. N., "Host Country and Reentry Adjustment of Student Sojourners", *International Journal of Intercultural Relations*, 1991 (2), pp. 163 – 182.

③ Brabant, S., Palmer, C. E. & Gramling, R., "Returning Home: An Empirical Investigation of Cross-cultural Re-entry", *International Journal of Intercultural Relations*, 1990 (4), pp. 387 – 404.

④ Cox, B. J., "The Role of Communication, Technology, and Cultural Identity in Repatriation Adjustment", *International Journal of Intercultural Relations*, 2004, 28 (3 – 4), pp. 201 – 219.

⑤ Yoshida, I. T., Hayashi, Y. & Uno, M., "Identity Issues and Reentry Training", *International Journal of Intercultural Relations*, 1999 (3), pp. 493 – 525.

现（如隔离的教育体系）。政府提案与过分的媒体关注促使母国成员对返乡者的"问题"进行批判性讨论。这种讨论的基调导致更多母国成员对返乡者产生负面情绪，而不是增进对返乡者和留守者的理解。①

（四）物质环境

返乡者回国后的住房条件是在返乡研究中反复出现的问题。② 因为对于一部分组织外派返乡者而言，出国期间可以享受安置方面的高福利待遇，包括优质、舒适的住房条件。而回国后，返乡者需要回归原有的朴素的居住和生活方式。因此，布莱克等建议，在组织机构考虑安置归国人员时，应将提供良好的居住条件纳入安置条件中。③

三 返乡社会适应的个体特征影响因素研究

（一）个体的自然属性

1. 性别

男女在返乡适应方面的体验有所不同。④ 有研究显示，女性在返乡适应中的问题和困境主要集中于家庭和日常生活，且女性比男性对社会环境的变化更为敏感。伽玛和彼得森（Gama and Pedersen）发现女性返乡者在家庭生活中遇到更多挑战，她们返乡后疲于满足亲友对她们的角色期待。⑤ 吴新宇从性别视角考察中国朝鲜族女性在跨国流

---

① Enloe, W. & Lewin, P., "Issues of Integration Abroad and Re-adjustment to Japan of Japanese Returnees", *International Journal of Intercultural Relations*, 1987 (3), pp. 223 - 248.

② Napier, N. K. & Peterson, R. B., "Expatriate Re-entry: What do Repatriates Have to Say?", *Human Resource Planning*, 1991 (1), pp. 19 - 28.

③ Black, J. S., Gregersen, H. B. & Mendenhall, M. E., *Global Assignments*, San Francisco, CA: Jossey-Bass, 1992.

④ Rohrlich, B. I. & Martin, J. N., "Host Country and Reentry Adjustment of Student Sojourners", *International Journal of Intercultural Relations*, 1991 (2), pp. 163 - 182.

⑤ Gama, E. & Pedersen, P., "Readjustment Problems of Brazilian Returnees from Graduate Study in the United States", *International Journal of Intercultural Relations*, 1977 (4), pp. 45 - 59.

动过程中的社会性别重构问题。研究认为，朝鲜族务工女性在跨国务工过程中，其对家庭分工和家庭角色的认知都有着重大改变。走出家庭和国门带来了家庭地位的上升，但也使其在返乡回归家庭时与本土文化产生思想观念方面的冲突和矛盾。①

与上述研究相悖的是，苏斯曼（Sussman）研究发现性别与返乡适应困境没有显著关联。性别与返乡适应，特别是不同性别在不同的出国目的和返乡方式条件下，会遇到怎样的返乡困境，需要进一步细化研究。②

2. 年龄

年龄作为返乡适应研究的第二大变量，得到了学界普遍关注。大量研究显示，年龄与返乡适应程度呈正相关关系，即年龄越大，返乡适应程度越高，返乡压力越小。③ 年龄不仅与心理压力有关，同时也与返乡后所遇到的社会问题多寡有关。因为年轻人比老年人的文化学习能力和个人调整技能更高，使得他们在旅居期间更有可能发生深刻的社会文化身份变迁，这在某种程度上就增加了年轻返乡者的返乡适应困难。④ 也有学者对年龄与返乡适应的关系提出了质疑。根据一项对芬兰返乡者的研究显示，老年人比青年人更难适应返乡生活，其原因可能是在芬兰企业中普遍存在的年龄歧视造成的。⑤

还有学者对年龄和返乡适应类型进行了研究，发现年轻人更关注新建立的人际关系，而年长者更关注工作与职业所带来的焦虑感。

---

① 吴析宇、陈天翔、赵东宇：《跨国视角下的社会性别重构及因素分析》，《学理论》2013 年第 7 期。

② Sussman, N. M., "Repatriation Transitions: Psychological Preparedness, Cultural Identity, and Attributions Among American Managers", *International Journal of Intercultural Relations*, 2001 (2), pp. 109 – 123.

③ Hyder, A. S. & Lovblad, M., "The Repatriation Process-a Realistic Approach", *Career Development International*, 2007 (3), pp. 264 – 281.

④ Cox, B. J., "The Role of Communication, Technology, and Cultural Identity in Repatriation Adjustment", *International Journal of Intercultural Relations*, 2004 (4), pp. 201 – 219.

⑤ Suutari, V. & Välimaa, K., "Antecedents of Repatriation Adjustment: New Evidence from Finnish Repatriates", *International Journal of Manpower*, 2002 (7), pp. 617 – 634.

(二) 个体社会属性

1. 宗教信仰

宗教信仰在情感和心理层面对返乡者产生重要影响。对近年留学生返乡研究显示,宗教信仰对归国留学生的家庭互动和日常生活产生巨大影响。因为这些人在国外养成的自由行为习惯和价值观与母国家庭成员的日常行为相冲突,所以加大了其返乡适应的难度。[①] 因为此类研究对不同区域和不同宗教信仰对返乡适应过程的影响还很有限,应谨慎理解且深入细化相关研究。

2. 婚姻

大量研究发现,单身旅居者比已婚同事更易感到焦虑。[②] 单身返乡者会比已婚返乡者面临更多的社会问题,且更倾向认同客居国文化。因为已婚返乡者的配偶会对返乡者的回归起到积极的支持作用。[③] 此类实证研究大多关注的是外交人群,其他群体的婚姻与返乡适应问题尚待深入研究。

3. 社会经济地位

尽管有大量研究证明,由于公司外派员工在返乡后失去社会地位和一定的收入来源,影响了其返乡适应情况。但是学者们对宏观层面的社会经济地位对归国人员返乡生活的影响方式却鲜少研究。[④] 从而没有足够的实证研究证明社会经济地位与返乡适应之间的关系,仅有的实证研究也仅关注的是北美或西欧白人中产阶级群体。[⑤]

[①] Martin, J. N. & Harrell, T., "Intercultural Reentry of Students and Professionals: Theory and Practice", In D. Landis, J. M. Bennett & M. J. Bennett (Eds.), *Handbook of Intercultural Training*, Thousand Oaks, CA: Sage, 2004, pp. 309 – 336.

[②] Huffman, J. A., "Cross-cultural Reentry and the Family Life Cycle Stage: A Study of the Impact of the Family Life Cycle Stage on Cross-cultural Reentry of Adult Missionaries", Doctoral dissertation, University of Georgia, 1990.

[③] Hyder, A. S. & Lovblad, M., "The Repatriation Process-a Realistic Approach", *Career Development International*, 2007 (3), pp. 264 – 281.

[④] Brabant, S., Palmer, C. E. & Gramling, R., "Returning Home: An Empirical Investigation of Cross-cultural Re-entry", *International Journal of Intercultural Relations*, 1990 (4), pp. 387 – 404.

[⑤] Szkudlarek, B., "Through Western Eyes: Insights Into the Intercultural Training Field", *Organization Studies*, 2009 (9).

4. 性格

学者们就性格特点对返乡适应的影响进行了一些实证研究。有学者认为，影响返乡适应程度的性格特质主要有三项：开放性、性格力量和积极性。① 还有学者认为，强自我印象、自我效能和坚忍的性格对返乡适应有着正面作用。② 在返乡职业发展语境下，五大性格特点得分较高者更容易展现积极和正面的工作表现。这五大性格特征是指：外向性，自觉性，开放性，情感稳定性和随和性。③

（三）个体生命历程

1. 跨文化与跨境流动经验

马丁和哈雷尔（Martin & Harrel）提出先前的跨文化经历对后续的跨文化行为起到积极作用的假说。④ 但汉默尔等（Hammer et al.）通过实证研究证实，先前的跨文化流动经历与返乡后的生活满意度和适应难度无关。⑤ 这一发现再一次挑战了文化习得理论。苏斯曼（Sussman）认同汉默尔的研究结果，同时提出多次返乡影响旅居者的跨文化身份认同。⑥

2. 受教育程度

返乡者在出国前和出国后的受教育程度影响其返乡社会适应水

---

① Martin, J. N. & Harrell, T., "Intercultural Reentry of Students and Professionals: Theory and Practice", In D. Landis, J. M. Bennett & M. J. Bennett (Eds.), *Handbook of Intercultural Training*, Thousand Oaks, CA: Sage, 2004, pp. 309 – 336.

② Feldman, D. C., "Repatriate Moves as Career Transitions", *Human Resource Management Review*, 1991 (3), pp. 163 – 178.

③ O'Sullivan, S., "The Protean Approach to Managing Repatriation Transitions", *International Journal of Manpower*, 2002 (7), pp. 597 – 616.

④ Martin, J. N. & Harrell, T., "Intercultural Reentry of Students and Professionals: Theory and Practice", In D. Landis, J. M. Bennett & M. J. Bennett (Eds.), *Handbook of Intercultural Training*, Thousand Oaks, CA: Sage, 2004, pp. 309 – 336.

⑤ Hammer, M. R., Hart, W. & Rogan, R., "Can You Go Home Again? Ananalysis of the Repatriation of Corporate Managers and Spouses", *Management International Review*, 1998 (1), pp. 67 – 86.

⑥ Sussman, N. M., "Testing the Cultural Identity Model of the Cultural Transition Cycle: Sojourners Return Home", *International Journal of Intercultural Relations*, 2002 (4), pp. 391 – 408.

平。托马斯（Thomas）认为返乡后的就业问题是影响返乡社会适应水平的。返乡者的受教育程度和人力资本对其返乡就业有着重要的影响。通过对乌干达人口普查数据有关海外归国人员的教育程度与就业数据的分析，托马斯发现高中及以下学历的返乡者并没有因其跨境或跨文化流动而拥有明显的就业优势。相反，拥有大学学历或者获得职业资格证书的返乡者比本土未流动劳动者的就业水平高。[1] 皮拉查和瓦丁（Piracha & Vadean）进一步发现学历较高和经济条件较好的返乡者自主创业概率更高。[2]

四 返乡社会适应策略研究

（一）国家层面

刘晨之在研究农民工返乡创业问题时发现，返乡农民工群体因缺乏系统的支持，是创业的弱势群体。同时，返乡农民工又因其城市务工经历和强烈的改变现状的意愿具有独特的优势。因此从国家层面上看，首先，各级职能部门要努力为返乡农民工创业提供便利条件和扶持政策；其次，国家和各级政府层面要做好科学规划，为农民工创业群体从宏观上制定创业项目规划、管理及服务；最后，把返乡农民工创业纳入区域经济发展的全局规划上来。[3]

（二）社会及企业组织层面

哈维（Harvey）在对返乡者的人事管理方面作出研究后提出：与其全面历数返乡者的返乡问题，不如聚焦于一些有形的实操的问题上，如经济和税务上的辅助。他的研究还指出，公司层面，对返乡者

---

[1] Thomas, K. J. A., "Return Migration in Africa and the Relationship between Educational Attainment and Labor Market Success: Evidence from Ugand", *International Migration Review*, 2008 (3), pp. 652–674.

[2] Piracha, M. & Vadean, F., "Return Migration and Occupational Choice: Evidence from Albania", *World Development*, 2010 (8), pp. 1141–1155.

[3] 刘晨之：《构建农民工返乡创业支持体系的思考》，《中国劳动》2009年第4期。

理想的返乡培训计划里应该包含：心理压力疏导，个人和家庭返乡规划。① 马丁和哈雷尔（Martin & Harrell）编撰了一本综合针对归国企业员工和归国大学生的返乡理论实践指导性书籍，他们把返乡培训分为四个阶段：出国前、出国期间、返乡前和返乡后。研究者从这四个阶段详细区分了返乡公司员工和返乡大学生的不同需求。②

（三）个人层面

大量研究都是关注企业员工和学生群体的返乡培训问题。安德森（Anderson）指出，在个人、公共组织和非政府组织的返乡人员中，非政府组织的返乡关怀和支持是最多的，学界和社会应该更多的关注个人层面的返乡问题。③ 斯古德拉雷克（Szkudlarek）在实证方面为返乡训练服务提供了非常全面的指导。通过对31个返乡培训人员和教练进行访谈，他分析了他们的返乡培训项目，这些分析包括对下列因素的考量：时机、地点、返乡时间、返乡群体、方法论和主题培训环节。他指出被广泛关注的主题培训环节有：人际关系变化、出国习得的新技能和返乡生活规划；培训者较少涉猎：返乡者归国后的社会和政治地位变迁、情感变化和返乡后的社会网络变迁问题，返回前的概要，归国训练和指导，职业规划会议，书面雇佣保证，就业指导，组织重新定位计划，财政咨询，生活方式咨询，重返社会过渡期，以及在离国期间采取积极和广泛的沟通计划。④

---

① Harvey, M., "Repatriation of Corporate Executives: An Empirical Study", *Journal of International Business Studies*, 1989, pp. 131 – 144.

② Martin, J. N. & Harrell, T., "Intercultural Reentry of Students and Professionals: Theory and Practice", In D. Landis, J. M. Bennett & M. J. Bennett (Eds.), *Handbook of Intercultural Training*, Thousand Oaks, CA: Sage, 2004 (3), pp. 9 – 336.

③ Anderson, B. A., "Expatriate Management: An Australian Tri-sector Comparative Study", *Thunderbird International Business Review*, 2001 (1), pp. 33 – 52.

④ Szkudlarek, B. Spinning the Web of Reentry, (Re) Connecting Reentry Training Theory and Practice, (Doctoral Dissertation, Erasmus Research Institute of Management, Rotterdam School of Management Erasmus University, 2008). 网络资料来源：http://publishing.eur.nl/ir/repub/asset/13695/EPS2008143ORG9058921772Szkudlarek.pdf.

五 述评

(一) 心理、认知、行为研究的分化

通过对返乡心理、认知和行为三个层面的研究成果的系统梳理，可以看出在不同的领域学者们都作出了卓有成效的研究。然而，在对返乡者进行返乡社会适应问题的系统研究和相关返乡适应策略的思考时，本研究认为应该整合心理、认知和行为三个层面进行有机地、系统地研究，从而能够关照到返乡群体中的个人、个人与个人、个人与社会、个人与国家等多个层面的返乡社会适应问题。本书认为心理学的社会认同研究和社会学的身份认同研究的有机整合可以覆盖和解决心理、认知和行为层面的返乡社会适应问题。

(二) 动态研究与静态研究的隔离

综观返乡研究发现，有很多学者从静态的角度去对返乡者进行类型、人群的划分，有助于从类型学的角度对不同群体进行有效研究；也有学者通过动态的方式研究和展现返乡者在出国—返乡过程中的心理、社会网络、职业发展的互动和适应过程。本研究认为，对返乡者应该采取"动静相依"的方式进行研究，既要对返乡者进行类型方面的划分，从而在宏观层面清晰把握不同返乡类型的特点和返乡困境及诉求；与此同时，也要对返乡者在离乡—返乡过程中的心理预期、社会网络变化、职业发展、家庭关系、价值观和意识形态等方面进行动态的描述和分析，从而精确而有机地整合时代、国家、社会和个人多重因素，给返乡者以有效可行的返乡社会适应策略。

(三) 理论研究的西化取向

通过对国内外文献进行梳理发现，关于返乡方面的研究成果主要以欧美国家学界为主，研究的主体人群也主要集中在欧美。国内有关返乡研究的理论也主要是借鉴西方理论。然而，中国特有的国家经济形态、职业发展和创业环境、家文化、差序格局社会网络和儒释道整

合的文化价值观都影响着中国出国和返乡者的社会适应过程和效果。当然，这种国内研究的倾向性也与我国改革开放的历史和全球化进程息息相关。因此，本研究认为，在全球化发展和国内社会转型的新时期，研究返乡者社会适应不同维度时，应结合中国经济、政治、文化、历史等多重因素，研究中国不同群体在国内和国际流动中的规律、特点和适应策略，拓展返乡研究的理论视野。

（四）国内返乡研究内容有待扩展

西方的返乡研究对跨国劳工、留学生、侨民和企业员工的返乡适应问题都有大量的理论实证研究。而国内的研究视角主要聚焦于国内流动的农民工群体和国际流动的留学生群体的返乡问题。对于因私跨国务工人员的返乡研究还十分有限。也正因为如此，在对特定情境下的特殊群体的专有称谓和界定也十分宽泛和模糊。① 较为成熟且意义清晰的专有名词有：侨民、留学生。但是对于出国或返乡的企业员工和出国打工群体却没有专属的名词。

（五）返乡适应策略的局限性

对于农民出国务工返乡问题，尽管学界对返乡社会适应的困难和挑战给了大量的关注和认同，但针对返乡者的系统支持策略研究还很有限。现有研究大多是对返乡支持策略的一种描述。由于缺乏实证研究，大多数学者仅提出试验性建议而非确定性建议。② 但现有的支持政策与培训大多聚焦于公司或政府组织机构外派归国人员，对于出国劳务群体的返乡支持策略十分有限。本研究认为，跨国务工已经成为全球化经济发展中常见的经济行为，跨国务工群体的返乡反哺也成为劳动力输出国的真实诉求。对返乡务工群体的返乡适应策略的实证

---

① Betina Szkudlarek, "Reentry-A Review of the Literature", *International Journal of Intercultural Relations*, 2010 (1), pp. 13 – 14.

② Stevens, M. J., Oddou, G., Furuya, N., Bird, A. & Mendenhall, M. H. R., "Factors Affecting Repatriate Job Satisfaction and Job Attachment for Japanese Manage", *International Journal of Human Resource Management*, 2006 (5), pp. 831 – 841.

性研究和开拓能够更加有效地推动国家的经济发展、社会的良性运行和个人的持续发展与幸福感提升。

六 本书的理论视角和研究范畴

(一) 返乡社会适应理论的梳理与整合

1. 哲学思源

认同理论脉络的梳理应该始于对该理论的哲学渊源的追溯。认同理论主流理论模式分为原生论和建构论。

原生论认为身份认同源于天赋和原始的亲情联系。身份是先赋的,这一原始身份认同决定着一个群体乃至社会的形成和发展。[1] 原生论者认为原生情感的重要性不仅在于其互动的功能,而且在于其具有的不可或缺的纽带作用。而新兴国家的人民也并非由理性化社会的公民联结而成,是基于诸如语言、习俗、种族和宗教等原生纽带而建立起来。[2] 族群身份的认定主要由血统决定,其身份特质中具有共享的现实基础文化,而非完全构建的。[3] 原生论者还从社会生物学的视角分析身份认同现象,认为群体身份的认同实际是一种亲属关系的延伸。

然而,原生论过分强调血统、亲缘关系的原生维度,忽视了社会和文化变迁对人们行为和认知的影响和改变。因此,原生论的局限性在于其静止的身份认同观,缺乏理论解释力。

建构主义是身份认同理论的另一主要哲学思源。康德、维科和黑格尔被尊为这一哲学思想的先驱。

康德 (Kant) 通过对经验论和唯理论的调和,提出了综合判断来建构知识的认识论思想。他认为法则不是理智从自然界得来的,而是

---

[1] Shils, Edward, "Primordial, Personal, Sacred and Civil Ties", *British Journal of Sociology*, 1957, pp. 130-145.

[2] Clifford Geertz, *The Interpretation of Cultures*, New York: Basic Books, 1973.

[3] Fearon, J. & Laitin, D., "Ethnicity, Insurgency, and Civil War", *American Political Science Review*, 2003 (1), pp. 75-90.

理智给自然界规定的。① 这一思想得到了黑格尔（G. W. F. Hegel）的进一步延伸，他认为现实世界就是绝对理念实现自我的辩证运动中产生的。社会发展是动态的，不断演进的，每一个社会发展阶段都有相应的理解社会的方式。②

17世纪末意大利哲学家维科（Vico）提出人类历史的进程是社会文化各个方面相互联系、相互作用的有机进程，真理就是创造，人类历史是人类自己创造的。人类不是静态地认识客观世界，而是在认识和发现过程中不断建构新的现实世界。③ 维科认为，"共同体验"使得一个特定群体或国家，通过共享一种心理情境实现社会生活的规则。维科强调从自身角度来观察更广的历史中连续性的模式和原则。

建构主义的形成也具有社会心理学基础，因建构主义本身就是认识论的一种发展。瑞士心理学家和哲学家皮亚杰（Jean Piaget）被认为最先提出了建构主义。他认为，人们在不同发展阶段建立的认识结构影响他们对现实的解释，通过不断地反身抽象和连续理性的自我调节，借助思维的运演完成对认知的建构。

康德思辨地论证了人类知识的建构性，皮亚杰在心理学层面解释了认识产生的建构过程。但上述建构主义的施动者为个体，可称为个体建构主义。20世纪早期，苏联心理学家维果斯基（Vygotsky）提出了社会建构主义，这一理论从社会学和文化研究层面关注了社会和社会群体的建构主义。在社会学研究领域，法国布迪厄（Pierre Bourdieu）的场域理论、英国吉登斯（Anthony Giddens）的结构化理论和德国韦伯（Max Weber）的行动社会学等都受到了建构主义研究范式的影响。韦伯指出族群存在的关键在于主观信念，这一群体的认同或者是由于体貌或习俗的相近，或者是由于殖民或移民的历史记忆，进而

---

① ［德］康德：《自然通史和天体论》，庞景仁译，商务印书馆1978年版。
② ［德］黑格尔：《历史哲学》，王造时译，上海书店出版社1999年版。
③ Vico, Giambattista, *Universal Right（Diritto Universale）*, Translated from Latin and Edited by Giorgio Pinton and Margaret Diehl. Amsterdam/New York, Rodopi, 2000.

对共同血统持有主观信仰,这种信仰是群体构建的核心。①

建构主义细分成诸多流派:皮亚杰式建构主义重视认知的适应性和个体对世界模式的建构,知识是由主体主动建构的;新维果茨基派建构主义则强调社会文化情境对知识和学习的潜在影响;激进建构主义倾向彻底的相对主义,关注通过语言构建的自我和行为取向;社会建构论认为知识是社会性交互作用的结果,人类构建了知识体系,知识具有社会性。

尽管强调的主体和内容各有不同,但建构主义各流派的发展是基于三个同样的原则:一是建构性,即人建构其自我理解;二是社会性,即所有知识都是社会性建构的;三是互动性,即人在社会性地建构自己,也在社会性地建构他物。

基于以上理论原则,认同也应具备以下特点:第一,认同也应具有建构性,即认同是一种建构过程。身份不是先在和静止的,而是特定历史和文化的构建而来。身份的建构由于人们扮演的角色和认识上的差异而有所区别;② 第二,身份认同具有社会性。身份是由社会所建构的,身份是在特定历史、文化、场域条件下构建的;第三,身份认同在互动中建构。身份在自我与他者的互动和共同作用中建构起来。互动所产生的社会结构是身份认同的场域。赛义德认为身份的建构过程以自我与他者的关系为前提。他者认同了自我的身份,使得自我身份演进为社会身份,从而获得相应权益。

2. 认同理论发展脉络

社会学和心理学界一直长期重视认同及其相关议题研究。社会心理学作为两个学科互动交叉形成的学科,更是将认同作为本学科的核心概念。1959年,美国心理学家Erikson提出:认同是一种熟悉自我和明确个人未来目标的感觉,是一种能够从信任的人们中得到认可的内在自信。③了解人们是如何建构自己和他人的认同,这是了解人的社

---

① Max Weber, Richard Swedberg, *Essays in Economic Sociology*, Princeton University Press, 1999.
② 项蕴华:《国外有关身份的社会语言学研究》,《哲学动态》2009年第7期。
③ Erik H. Erikson, *Identity and Life Cycle*, New York: Norton, 1959, p.118.

会行为的前提。① 认同理论重视作为社会建构的自我的社会属性，并不认同自我独立于社会。自我是因特定实践活动（如角色或规范）的多重认同的产物。②

认同理论与美国微观社会学的符号互动论有着密切的传承关系。库利的"镜中我"理论认为一个人的自我认同和自我意识产生于他人对自己的看法。他者就是自我的一面镜子，而每一种社会关系也都是自我的一种反映。③ 米德提出的"概化他人"（gennralized others）理论强调有组织的社区或社会群体使个人实现自我认同的过程。在这一过程中，个体扮演社会上经过"概化的"不同角色。④ 这一理论与自我认同理论的核心理念不谋而合：第一，个人认同是源于人们在社会扮演的各种角色的一种多重社会建构。人们在社会中扮演的角色本身是一个角色丛，一个人的角色认同可以包括家庭角色（个体本身是一位母亲、女儿和妻子）、职业角色（个体可以是一位教师、领导和下属）等。角色认同之所以能够为自我提供意义，是因为角色为自我提供了角色规定并且将相互关联的角色互补或对立的区分开来。父亲这一角色的意义是和母亲角色联系在一起的，上司是和下属联系在一起的。通过社会互动，认同才能实际地获得自我意义。因此，自我认同是反身性的，⑤ 即：自我认同是以"我看人看我"的方式形成的。⑥ 他者根据一个人的角色扮演对其作出反应，而这种反应又会反作用于

---

① Ng Sik-hung, Chiu Cy, Cn Candlin, "Communication, Culture and Identity: Overview and Synthesis", in Ng, Sik-hung, Chiu Cy, Cn Candlin et al. (eds.), *Language Matters: Communication, Culture and Identity*, Hong Kong: City University of Hong Kong Press, 2004.

② Michael A. Hogg, Deborah J. Terry, Katherine M. White, "A Tale of Two Theories: A Critical Comparison of Identity Theory with Social Identity Theory", *Social Psychology Quarterly*, 1995, 58 (4), pp. 255–269.

③ [美] 库利：《人类本性与社会秩序》，华夏出版社1989年版，第118页。

④ George H. Mead, *Mind, Self, and Society*, Chicago: University of Chicago Press, 1934, p. 154.

⑤ Peter J. Burke, Donald C. Reitzes, "The Link Between Identity and Role Performance", *Social Psychology Quarterly*, 1981 (44), pp. 83–92.

⑥ 费孝通：《我看人看我》，《读书》1993年第3期。

个人，成为其发展自我意义感和自我界定感的基础。①

角色是一种行动，角色和行动之间的内在联系是：首先，角色是特定地位的个体对自身的期望系统；其次，角色对社会对个体行为的期望系统；最后，角色是特定地位的个体外显的行为。② 如果个体的角色表现令人满意，则证实了个体作为角色成员的成功地位和自我评价的积极反映。但是，如果来自他人的反馈和个体自我认同不一致的话，则会产生精神上的压力痛苦。③

社会认同理论源起于泰费尔（Tajfel）的"微群体实验范式"（minimal-group paradigm）。这一实验中，首先，科研人员组建临时的两组微型群体，要求属于其中一组的成员分配某种资源，然后观察其分配方式。结果发现，尽管在此之前被试与组内成员素不相识且没有实际的互动，被试会将较多资源分配给自己所属的临时群体。实验证明了当个体意识到自己属于一个特定群体时，会给所属群体正向的评价并产生认同感，并倾向于分配给所属群体更多资源，这种倾向性被定义为内群体偏向。而与之对应的对外群体成员的负面评价以及因此较少地分配资源给外群体的倾向称之为外群体歧视。④泰费尔这种社会认同的产生经历了三个心理历程，一是社会分类（social categorization），指的是人们为了理解人或事物会自动地将其分门别类，且会自动区分外群和内群；二是社会比较（social comparison），其含义是群体成员在评价所属群体时会倾向于与外群进行比较来判断所属群体的能力和观点。在比较过程中，人们倾向于以正面积极的方式来评价内群体，用负面消极的方式来评价外群体，从而获得一种内外群体的差别化比较结果。这种差异化比较和评价使得群内成员的自我评估获得某种成就感和提升感。相应地，

---

① 周晓虹：《认同理论：社会学与心理学的分析路径》，《社会科学》2008年第4期。
② John W. Thibaut, Harold H. Kelley, *The Social Psychology of Groups*, New York: John Wiley & Sons, 1959.
③ 周晓虹：《认同理论：社会学与心理学的分析路径》，《社会科学》2008年第4期。
④ S. Otten, A. Mummendey, "To Our Benefit or at Your Expense? Justice Considerations in Intergroup Allocations of Positive and Negative Resources", *Social Justice Research*, 1999 (12), pp. 19 – 38.

如果评估结果是外群更具优势，群内成员很可能会离开所属群体，或力图改善所属群体；三是积极区分原则（positive distinctiveness），是指人际或群际行为是由自尊和自我激励的需要决定的，为了满足这一需要，人们会突出自己或所属群体的优势，使其隶属群体比外群体显得更为出色。这种积极区分的优点在于能够提高内群体成员的自尊和认同感，缺点在于积极区分会造成外群体成员的自尊受到威胁，从而造成群体间的偏见和冲突。[①]

认同分为继承性认同和获得性认同。继承性认同是从前辈继承而来，获得性认同是通过社会行动和个人奋斗或人生经历取得的。在社会流动和个人的生活机遇较大的社会，个人有较大机会通过努力改变自身命运，从社会底部阶层向上流动，从而获得新的认同。本书的研究对象是赴韩务工的青年群体，他们大多数学历低、收入少、社会网络结构和层次单一，赴韩务工是希望积累足够的资金和经验后回国发展，争取社会阶层的向上流动。这一努力向上流动的动态和变化过程就从认同理论的视角加以分析。

认同还可以分为正面认同和反面认同。正面的认同就是社会和个人予以肯定和接受的认同，而反面认同是社会和个人予以否定和避免的认同。这种反面认同是社会分类而加给一些人的负面标签，通常是不被当事者所接受的，这种反面的认同也可以被称为"污名"（stigma）。戈夫曼（Goffman）认为污名是指个人由于偏离了社会价值的特定属性而不能被完全接受，在社会自有的正常类别评价标准下，污名是社会对个人偏离"正常社会"的评价和排斥。例如，族群污名是指某个人种、宗教或民族因其成员的行为或特质不被主流价值所接受和认同，其所有成员也都一并被污名化，受到主流社会的排斥和歧视。[②] 中国朝鲜族在韩务工期间所遭遇的某些歧视和不公平待遇，就是族群污名化的产物，本书会在群体认同研究

[①] Henri Tajfel, "Social Psychology of Intergroup Relations", *Annual Review of Psychology*, 1982 (33), pp. 1 - 39.

[②] Goffnam, *Stigma: Notes on the Management of Spoiled Identity*, Simon & Schuster, 1986, pp. 11 - 14.

中着重分析。

(二) 返乡社会适应研究的内涵和理论维度

1. 返乡社会适应研究诉求下的理论整合

虽然社会学的认同理论与心理学的社会认同理论在理论的着眼点、认知过程强调的程度、认同对象和认同动力特征有所不同,但两种理论都是强调结构和由社会建构的自我的功能以及内化认同从而界定自我的方式。因此,两种理论是具备理论整合的可能性的。[①]

认同理论和社会认同理论整合的基础在于：第一,两种理论所使用的概念具有互补性。认同理论中凸显（Salience）概念强调在一种情境中认同激活的状态,而社会认同中凸显概念强调在一种情境中认同被激活的概率。在对返乡社会适应问题进行考察时,我们既应关注长时段的社会结构性因素也应考虑短时间的情境因素,这样才能总结认同和社会认同在何种情境下或在何种结构中才得以凸显和规律。第二,两种理论认同基础的互补性。社会认同理论认为角色是认同的基础,强调的是一个人做什么（what one does）；社会认同理论认为群体是认同的基础,强调一个人是什么（who one is）。而对返乡社会适应问题的追问,既应包括返乡者在具体社会情境中行为的规制,也应包括返乡者所存在的宏观社会结构的制约的多重考量。而打通两种理论的中介性概念"个人",就成为了两种理论整合的基础,因为个体认同本来就是一个自我认知、自我选择和自我评价,个体认同就是 个包含多重认同的概念,是人们在社会扮演的各种角色的一种多重社会建构。[②] 而在本研究语境下,赴韩务工返乡青年就成了两种理论整合的重要基础和着眼点。因此,本书在返乡社会适应理论中虽然强调个人认同的理论维度,但并没有将个人认同单列成章,而是将个人认同整合于角色认同和集体认同之

[①] 周晓虹:《认同理论：社会学与心理学的分析路径》,《社会科学》2008年第4期。

[②] Sheldon Stryker, *Symbolic Interactionism: A Social Structural Version*, Palo Alto: Benjamin/ Cummings, 1980.

中。第三，两种理论的理论诉求结果相同。无论是认同理论的核心认知过程"去人格化"（depersonality），还是社会认同理论中的"自我证实"（self-verification），两种理论都认同对社会类别的归属及相关行为方式的凸显。

通过对认同理论的整合，本书在分析赴韩务工青年群体返乡社会适应问题上，从微观、中观和宏观三个层面进行以下分析。

从微观层面上看，赴韩务工青年的返乡适应问题要从研究对象出国和返乡的不同时空和情境中，分析人与人、人与社会互动中作出的选择和社会行动。通过对个人的自我评价和主观选择行为反映个人在返乡过程中的主体能动性和返乡社会适应水平。因此本书会采用个人认同（person identity）的视角对赴韩务工青年在出国和返乡期间的社会适应问题进行研究。

然而，被动建构论认为现代性的理性成为社会建构个人的治理技术。个体被嵌入社会秩序之中，正如网格化、明晰化的社会机器上安装的"小齿轮"，都对应着一个嵌入的位置。换言之，个体化隐藏了社会化的本质，个体和社会都是根据同一套规范被制造出来。因此，要想研究个体的社会适应问题不仅要从微观层面看人的主观选择和行动，也要从中观的角度看人在不同社会情境关系中的人际互动和角色认同问题。进而，还要从个体所属的宏观社会结构、社会机制和社会群体中研究返乡者在社会行动过程中的社会认同问题。

从中观层面上看，赴韩务工青年的返乡适应问题要从研究对象出国和返乡过程中的人际互动层面来入手，考察返乡者在不同社会情境中的角色承担和表现情况，从中发现研究对象在社会适应过程中的困难和解决方法，评价其社会融入水平。认同理论恰恰就是从角色互动的视角考察人的角色承诺（commitment）和凸显（salience）问题。因此本书会采用认同理论分析赴韩务工青年在出国和返乡期间的角色（关系）认同问题，如家庭角色认同、工作角色认同和社会网络角色认同等。

从宏观层面上看，赴韩务工青年的返乡适应问题还要从研究对象在对自身所在的社会结构、文化群体、意识形态及物质环境的是否接纳和融入，从而评价其社会适应水平。社会认同理论就是从社会互动的宏观视角研究人在社会分类、社会比较和积极区分的过程中是否接受和认同所在的社会群体。因此，本书会采用社会认同理论分析赴韩务工青年在出国和返乡期间的社会认同问题，如国家认同、民族认同、宗教认同和物质认同等。

尽管认同理论和社会认同理论在理论视角、认知过程、认同对象等方面有差异，但这种差异恰恰形成了理论互补。两种理论的有机整合有利于本研究从静态到动态、从中观到宏观地考察研究对象的返乡适应问题。理论整合的关键在于中介性概念，而本研究的微观切入点"个人认同"恰恰就是打通群体和角色认同的关键性概念。因为，个体不但要受到结构型的期望限制，而且也可以通过个人认同作出某种自主抉择。个人—角色—群体的关系是一种微观、中观和宏观的关系，角色既受制于群体或社会。客观期望也依赖于个人的主观表现。只要找到"个人"（person）在所研究结构中的位置，就能够找到理论整合的基础。[①] 本书在排篇部局方面不是将个人认同独立于角色和群体认同之外单独开篇论述，而是将个人认同融入角色认同和群体认同之中，连贯地并且动态地考察研究对象的返乡社会适应问题。

2. 社会适应的理论内含

本书以回国的赴韩务工青年为研究主体，通过身份认同的视角关注这一群体在出国与返乡过程中的社会适应问题。因此，本书中的身份认同指的是个体在流变的社会情境中自我选择和被赋予的意义，性格及自我认知；是个人所扮演的角色及与他人互动关系中的地位；在社会群体和类别中的成员资格（包括个人在群体中的地位及群体在更大语境下的群体地位）；是个人对所拥有的物质的认同和对所处地理空间的认同。

因此，本研究的认同应包含以下内容。

第一，社会适应是一种个人认同过程。个人认同一种自我期待和

[①] 周晓虹：《认同理论：社会学与心理学的分析路径》，《社会科学》2008年第4期。

自我评价的自我叙事。身份是由一系列的自我观点组成，这些观点通过自我归类或认同，在特定的群体或角色中形成（Stets，2000）。个人认同融合在角色、集体和物质认同之中，因为人在对物质、角色、集体进行的认知、评价和行为选择的时候，就是个体自我认同的过程。正如马克思异化理论中所指出的：个体与自身的任何联系，都需要通过个体和他者的联系才能得以表达和实现。①

第二，社会适应是一种角色关系认同。认同是一种角色扮演，体现社会互动中人与人的关系。身份与性别、年龄、职业和家庭角色等个体和社会属性紧密联系，身份既有个体性，又有社会性的特征。身份个体性体现在个体对社会性身份的自我认知和自我评价，即自我的客体化；身份的社会性就是个人与社会互动的过程中，社会对个人地位和行为方式的界定，个体在与他人的互动和比较中自我定位。

第三，社会适应是一种集体认同过程。集体认同指的是一种归属感。身份与国家、民族、宗教信仰的文化归属和组织认同相联系。个体能否对一个群体和组织有归属感，是随着社会情境的不断变化，个体对组织、区域或对某个民族或国家深层文化的认知不断发生变化，作为内部或外部成员个体对群体文化的评价及因而产生的疏离感或认同感。

第四，社会适应是一种物质认同过程。物质认同是一种物质标准确立。身份与所拥有的物质资源和身处的物质环境联系在一起，物质身份具有社会性。

第五，身份认同与社会和文化相互影响，双重建构。个人的身份由社会塑造，这种身份认同过程同时又塑造了社会结构本身。正如吉登斯所说：在现代社会，个体可以进行一场"生活政治"，在自我反思与自我重建的过程中促成自我实现。个体在被社会结构化的同时也对社会进行建构。②

---

① 张金荣：《马克思异化理论的意义分析》，《社会科学战线》2007年第2期。
② [英]安东尼·吉登斯：《现代性与自我认同》，赵旭东等译，生活·读书·新知三联书店1998年版，第2页。

3. 社会适应的维度

基于对身份认同概念的界定,身份认同应该分为个体、角色、群体和物质身份认同四个维度,本研究也会就这四个维度探究跨境返乡务工者的社会适应问题。

(1) 个人认同 (person identity)

个体身份认同指的是人作为个体的层面对自我进行的界定。包括目标、价值观、信念,[①] 宗教信仰和精神追求[②]行为及决策的标准,[③] 自尊和自我评价,[④] 欲望、恐惧和对未来的自我期待[⑤]以及一个人的整体生命历程。[⑥] 本书中的个人认同体现为个人在关系网络中角色扮演的行动选择和自我评价,集体社群中的个人归属感和主观倾向选择。本书不会将个人认同单列一个章节进行分析描述,而是将个人认同融入关系认同、集体认同和物质认同之中,以主观选择和认同的角度体现出来。

(2) 关系(角色)适应 [Relational (role) Identity]

关系身份认同指的是个体所扮演的角色与他人之间的关系。其身份意涵包括:孩子、配偶、父母、同事、领导、顾客等。关系身份认同不仅包括这些身份信息,还包括个体对这些身份的认知和理解。现有学术研究中,认为关系身份认同过程主要发生在人际空间[⑦]、家庭

---

① Marcia, J. E., "Development and Validation of Ego Identity Status", *Journal of Personality and Social Psychology*, 1966 (5), pp. 551 – 558.

② Mac Donald, D. A., "Spirituality: Description, Measurement, and Relation to the Five Factor Model of Personality", *Journal of Personality*, 2000, pp. 153 – 197.

③ Atkins, R., Hart, D. & Donnelly, T. M., "The Association of Childhood Personality Type with Volunteering During Adolescence", *Merrill-Palmer Quarterly*, 2005 (51), pp. 145 – 162.

④ Kernis, M. H., Lakey, C. E. & Heppner, W. L., "Secure Versus Fragile Self-esteem as a Predictor of Verbal Defensiveness: Converging Findings Across three Different Markers", *Journal of Personality*, 2008, pp. 477 – 512.

⑤ Markus, H. & Nurius, P., "Possible Selves", *American Psychologist*, 1986 (41): 954 – 969.

⑥ McAdams, D. P., "The Problem of Narrative Coherence", *Journal of Constructivist Psychology*, 2006 (19), pp. 109 – 125.

⑦ Bamberg, M., "Talk, Small Stories, and Adolescent Identities", *Human Development*, 2004 (47), pp. 366 – 369.

场域①以及在较大场域中，诸如工作场所等。② 关系身份认同的核心在于：个体不能自己创造身份，特定角色身份需要被社会观众（Social Audience）认同才得以成立和维持。③

（3）集体适应（collective identity）

集体身份认同是指人们对自己所属的群体和特定社会范畴的认同，是对这些社会群体和特定社会范畴赋予的意义，是在集体认同后个体的感受、信念和态度。④ 集体身份可以指任何社会组织或特定社会范畴的成员资格，包括民族⑤、国籍⑥、宗教信仰⑦、性别⑧等。集体身份认同的理论研究方法聚焦于集体过程（collective process）：比如，个人在群体间互动的情境下，如何在瞬间形塑自我概念，进而使人将自己从独立的个体视为集体成员；⑨ 或者，从民族、国家或性别身份认同的意义上考察，转变为集体成员意识，正如人的自尊在受到威胁时本能的自卫。

---

① Grotevant, H. D., Dunbar, N., Kohler, J. K. & Esau, A. M. L., "Adoptive Identity: How Contexts Within and Beyond the Family Shape Developmental Pathways", *Family Relations*, 2000 (49), pp. 379 – 387.

② Thatcher, S. M. B. & Zhu, X., "Changing Identities Inachanging Workplace: Idention, Identity Enactment, Self-verification, and Telecommuting", *Academy of Management Review*, 2006 (31), pp. 1076 – 1088.

③ Swann, W. B., Jr., "The Self and Identity Negotiation", *Interaction Studies*, 2005 (6), pp. 69 – 83.

④ Tajfel, H. & Turner, J. C., *The Social Identity Theory of Intergroup Behavior*, In 95. S. Worchel & W. G. Austin (Eds.), The Psychology of Intergroup Behavior Chicago: Nelson Hall, 1986, pp. 7 – 24.

⑤ Taylor, D. M., "The Quest for Collective Identity: The Plight of Disadvantaged Ethnic Minorities", *Canadian Psychology*, 1997 (3), pp. 174 – 190.

⑥ Schildkraut, D. J., "Defining American Identity in the Twenty-first Century: How Much "there" is There?", *The Journal of Politics*, 2007 (69), pp. 597 – 615.

⑦ Cohen, A. B., Hall, D. E., Koenig, H. G. & Meador, K. G., "Social Versus Individual Motivation: Implications for Normative Definitions of Religions Orientation", *Personality and Social Psychology Review*, 2005 (9), pp. 48 – 61.

⑧ Bussey, K. & Bandura. A., "Social Cognitive Theory of Gender Development and Differentiation", *Psychological Review*, 1999 (106), pp. 676 – 713.

⑨ Turner, J. C., Hogg, M. A., Oakes, P. J., Reicher, S. D. & Wetherell, M. S., *Rediscovering the Social Group: A Self-Categorization Theory*, Oxford & New York: Blackwell, 1987, p. 27.

(4) 物质（消费）认同（Material identity）

物质认同是个人对所拥有的珍贵物质的认同和对所处地理空间的认同。① 一个人的身份认同不仅包括他的思想、身体、朋友、配偶、祖先和后代，也包括他（她）所穿带的衣物、住房、汽车和银行存款。一言以蔽之，人对自我的认同不仅包括个体认知以外的社会实体认同，还包括贝尔克（Belk）提出的物质认同②和普罗斯汉斯基等人（Poshansky Fabian & Kaminoff）提出的地点认同。③

物质是一种符号，某种程度上象征着个体的时尚品位、个性、社会地位和社会认同。现代社会物质的拥有方式主要靠消费来获取。认同支配消费，消费又是认同的外在显现，消费和认同是同一过程的两个方面。④ 因此，物质认同实际上也是一种符号消费的认同。物质消费所表现出的时尚品位实际上是社会阶层进行区别的手段，⑤ 格调和品位决定了人们所属的社会阶层。人们是按照特定的生活模式体现出的消费商品的规律来划分的地位群体。⑥ 个人通过多样性的消费选择，进行一种主动的身份建构。以群体所拥有的文化资本和经济资本来建构阶层和职业的结构。⑦ 凡勃伦指出，"炫耀性消费"其实就是为获得并保持尊荣而进行的一种明显有闲和明显有钱的表现。⑧ 如果说人们对物质或符号的消费就可以看出其所属的群体和阶层，那么相应的人们在选择某种物质和符号进行消费时，也是对自身阶层和群体认同的一种建构。通过这一

---

① Stets J. E., Burke P. J., "Identity Theory and Social Identity Theory", *Social Psychology Quarterly*, 2000 (3), p. 63.

② Belk, R. W., "Possessions and the Extended Self", *Journal of Consumer Research*, 1988 (15), pp. 139-168.

③ Proshansky, H. M., Fabian, A. K. & Kaminoff, R., "Place-identity: Physical World Socialization of the Self", *Journal of Environmental Psychology*, 1983 (3), pp. 57-83.

④ 王宁：《消费与认同——对消费社会学的一个分析框架的探索》，《社会学研究》2001年第1期。

⑤ 齐美尔：《时尚的哲学》，中国社会科学出版社2003年版，第260页。

⑥ [德]马克斯·韦伯：《经济与社会》（下卷），商务印书馆2006年版，第260页。

⑦ P. Bourdieu, *Distinction: A Social Critique of the Judgment of Taste*, Harvard University Press, 1984.

⑧ [美]凡勃伦：《有闲阶级论：关于制度的经济研究》，商务印书馆1964年版，第65—66页。

视角，可以反观赴韩务工青年在返乡后对自身的阶层建构和认同，以及为了维持这种物质认同所采取的社会行动。进而，从社会阶层及社会流动的视角看研究对象的返乡社会适应过程和结果。

这些身份的不同维度会在不同的社会情境中变得显著或彼此关联。① 身份的不同维度并非彼此独立存在，而是相互交叉和互动的。②

（三）身份认同与返乡适应的逻辑关系

身份诉求是对返乡生活的期待，身份建构是在返乡过程中为适应和发展返乡生活而作出的努力，身份认同的冲突和张力体现返乡社会适应中所遇到的困境而带来的不适和焦虑。

身份认同的多重维度对于个体来说并非是彼此独立的，而是彼此交叉和互动的。③ 比如，中国朝鲜族可能会视其中国人身份和朝鲜族身份是兼容的或是冲突的。以一个延边朝鲜族青年在2007年计划去韩国打工为例：从个人认同维度来看，他对自己未来的定位，应该同当地对延边赴韩打工的朝鲜族的普遍认同相近。从集体认同维度来看，在任何文化语境和历史时刻，诸如：中国朝鲜族、延边人、赴韩打工者这些身份类型都是在特定的社会话语中被构建为特定含义的。这些含义也可能由于时空、社会、经济、政治、文化等因素的变迁而备受争议和解构。个人一系列的身份类别都是在特定的社会语境下被赋予，这些身份所被赋予的意义是随着历史的更迭和社会发展的不断融合而被建构起来的。

社会建构主义者的一个重要观点就是人们对自己的身份所属类别和身份认同过程是下意识或无意识的，例如：国籍和性别。人们认为这些身份及其内涵都是理应如此的"真实"而又"自然"的。然而，

---

① Turner, J. C. & Onorato, R. S., "Social Identity, Personality, and the Self-concept", In T. R. Tyler, R. M. Kramer & O. P. John (Eds.), *The Psychology of the Social Self*, Mahwah, NJ: Lawrence Erlbaum Associates, 1999, pp. 11 – 46.

② Crenshaw, K. W., "Mapping the Margins: Intersectionality, Identity Politics, and Violence Against Women of Color", *Stanford Law Review*, 1991 (43), pp. 1241 – 1299.

③ Amiot, C. E., de la Sablonnière, R., Terry, D. J. & Smith, J. R., "Integration of Social Identities in the Self: Toward a Cognitive-developmental Model", *Personality and Social Psychology Review*, 2007 (11), pp. 364 – 388.

上述身份认同其实也是人类发明或建构的。① 相应的，一旦这些社会实体或概念被意识到是社会建构的产物，他们可能被解构和修正。这一理论典型的例子就是欧洲的女性主义运动对西方社会的影响：女性主义思想的发展使人们开始质疑之前被认为理所当然的男性及女性的角色含义和行为特点，社会变革也由此产生。

社会适应本身要考察的也是赴韩务工者返乡后从个人返乡预期到社会角色扮演和集体身份认同的过程和结果，并从这一过程中反观个体对个体、个体对社会的影响和建构，以及社会变迁、时空变化、政治经济发展等因素对个体的影响和建构。因此，本书首先从个体身份认同维度考察返乡务工青年对返乡身份和生活的预期和自我定位；然后从关系身份认同的维度考察个体在返乡后工作、家庭角色的扮演过程和结果；从集体身份认同的维度考察其返乡后对民族、国家和文化的认同和归属感，并从物质身份认同的维度考察个体对物质的认知和欲望，进而了解多层次的社会适应状况。

---

① Anderson, B., *Imagined Communities: Relection on the Origin and Spread of Nationalism*, London: Verso, 1983.

第三章　跨境循环流动中的多重返乡类型

延边赴韩务工群体的返乡流动是在全球化日益加深、中韩不断加强合作的背景下发展起来的，是一种在民族特性、地缘优势、语言相似性、文化相近性和经济创收等多重因素影响下的多样性劳动力流动。因此，赴韩务工青年在返乡模式和类型上也展示出了多样性特征。国内以往的返乡研究中，在研究主体上多集中聚焦于国内流动的农民工群体和国际流动的留学生群体，对跨国劳工的返乡研究较少。同时，现有返乡研究中对返乡类型并未做系统的分类。而跨境返乡移民的社会适应问题不仅是个人问题，更是一个社会和情境的问题，受社会结构和情境的影响。因此，本研究根据返乡时间、返乡动机、返乡准备情况和返乡适应情况等多个变量将返乡模式划分出不同类型，并且分析不同返乡类型的特点及相互联系。

本章拟通过对回收的465份问卷的整理和分析，探查在不同返乡类型群体中各民族返乡特点，并分析经济收入、工作发展、家庭关系、国家归属感和物质环境条件等变量与返乡类型之间的关系。本研究样本数总量为465人，其中朝鲜族为232人，占总样本的49.9%；汉族为231人，约占总样本量的49.7%；其他民族仅有2人，仅占0.4%。这样的人数比例也正呼应了中国赴韩务工群体的总民族比例。要特别说明的是，其他民族因样本数量有限，返乡人数占比受到其样本数量的影响，因此出于对效度的考虑，本研究仅着重分析朝鲜族和汉族的返乡类型。

一 返乡时间

根据前期调查和研究中期问卷调研情况，本研究将返乡者根据返乡时间长短划分为三种类型：第一种为长期返乡型，返乡者通常归国时间在37个月以上；第二种为中期返乡型，这类返乡者通常会在国外务工数年，然后回国生活13—36个月，之后再次赴上一客居国务工，或申请去其他国家打工赚钱；第三种为短期返乡型，这类归国返乡人员通常会在客居国打工一段时间，之后回国居住1—12个月，然后再去韩国或其他国家打工。

表3.1　　　　　　　　返乡时间类型划分标准

返乡时间类型	返乡停留时间
长期返乡型	37个月以上
中期返乡型	13—36个月
短期返乡型	1—12个月

（一）长期返乡型

本研究的长期返乡型是指在赴韩务工人员归国后，在国内停留37个月以上，并且没有再次赴韩国或其他国家打工的返乡青年群体。这一群体大多数人在出国前就有着十分清晰明确的目标：那就是出国打工赚钱，然后用打工赚来的经济资本为回国更好的工作和生活做准备，以及通过多年的辛苦劳作改善自身和亲人的生活水平及发展平台，大多数有志于创业或从事集约化农业生产活动。这一群体中，也有少部分人是因为在国外不适应当地的生活方式和工作强度，或者在国外遭到了从未经历过的冲突，个人的尊严、民族自尊心和国家荣誉感遭受了严重的打击和伤害，返乡后再也不打算回到韩国。

通过调查发现，长期返乡群体之中，朝鲜族返乡青年占10%，汉族返乡青年占89%（见表3.2）。从比例上可以看出，中国汉族青年在赴韩务工返乡后，长期居留国内的意愿和行为最显著，人数最多。

表 3.2　　各民族长期返乡类型的人口比例　　（单位：人;%）

返乡时间类型	朝鲜族		汉族		其他民族		总体	
	人数	占比	人数	占比	人数	占比	人数	占比
长期返乡型	19	10	180	89	1	1	200	43

数据来源：问卷整理所得。

（二）中期返乡型

中期返乡型是指赴韩务工者在韩国工作数年后，返乡定居生活 13—36 个月，然后再次赴韩国打工，并且这种出国—返乡在其跨境打工生涯中呈循环模式，且具有间隔性。另言之，赴韩打工者在韩国打工数年后，回国住上 1—3 年，然后再次去韩国数年后，再次返乡停留 1—3 年，出国—返乡就像一个循环一样在一定的周期内不断重演。返乡者在返乡前多数是计划回国长期发展，或休养一段时间，但在返乡停留数年后，发现国内工作或生活并不如意，达不到预期所想。因此，就有了再次离乡打工的想法，离乡可以是在本国其他城市或出国，因地缘优势、文化相似性和收入的巨大差异性，很多人选择了再次赴韩工作。

表 3.3　　各民族中期返乡类型的人口比例　　（单位：人;%）

返乡时间类型	朝鲜族		汉族		其他民族		总体	
	人数	占比	人数	占比	人数	占比	人数	占比
中期返乡型	81	68	14	19	1	1	96	21

数据来源：问卷整理所得。

从表 3.3 中可以看出，朝鲜族在中期返乡型中占比最高，达到了 68%，汉族占 19%，其他民族占 1%。由此可以推断出，朝鲜族在返乡后更倾向于在国内停留几年，然后再次出国打工，打工的目的地通常仍然是韩国；而汉族则在再次赴韩打工的问题上持保守态度，不太愿意漂泊在中国和其他国家之间工作和生活，同时赴韩务工签证也制约着大多数汉族人再次赴韩务工。

(三) 短期返乡型

本研究中的短期返乡型是指赴韩务工者在韩国工作一段时间后，返回中国居住和生活1—12个月，然后再次赴韩或其他国家务工或学习的类型。这一类型的特点是，返乡者在韩国工作停留的时间与其他两种返乡类型相比较短，回国停留时间也较短，其返乡目的通常是为了休假、探亲或组建家庭（结婚），然后再次赴韩打工。这种返乡类型通常具有长期在韩国居留的签证，出入境自由，可以灵活规划自己的工作和休假时间。对于这一群体来说，韩国就像是上班的地方，而国内就是回家休息、亲人团聚的地方。特别是在中韩两国国家关系交好，国家经济往来密切，区域经济发展模式互补，且韩国经济发展势头良好的形势下，这一群体的规模会不断增大。但如果中韩两国关系一旦恶化，或者韩国经济不景气，如1997年的亚洲金融危机，韩国经济下滑和2006年美国次贷危机下的韩国经济遭受重挫，这种短期返乡类型的人数就会锐减。因为，韩国作为工作机会多且收入高的劳务输入地的意义已经不存在，那么，这些短期返乡者也会进而变成间隔返乡者或者长期返乡者。

表3.4　　　　各民族短期返乡类型的人口比例　　　（单位：人;%）

返乡时间类型	朝鲜族		汉族		其他民族		总体	
	人数	占比	人数	占比	人数	占比	人数	占比
短期返乡型	132	81	37	31	0	0	169	36

数据来源：问卷整理所得。

如表3.4所示，在短期返乡类型群体中，朝鲜族人口比例占81%，远远超过了汉族和其他民族的人口比例。这是因为朝鲜族有着绝对的民族优势：朝鲜族文化与韩国文化同根同源，语言沟通基本没有障碍，且韩国政府针对韩侨发放的F4签证和针对朝鲜族发放的H2签证都赋予朝鲜族优先的政策优势，使他们能够自由往返于中韩两国且自由选择工作场所和工作种类。而汉族在这一返乡类型中占比

19%，他们中的大多数是边学习边打工，具有一定人力资本优势，通过高学历政策和考试的方式获得永居资格；或者通过结婚的方式获得F6签证，这样才能在一定程度上自由往返于两国之间，享有一定的工作自由度。而汉族人的短期返乡人数比例较高的原因是签证的限制，汉族赴韩务工者如果想在韩国工作，只能申请对工种和工作地点及工作时间有严格规定的工作签证类型，如果返乡超过韩国老板给定的假期，就面临着失业和放弃赴韩务工机会。因此，在韩务工的汉族人返乡类型以长期居多，短期返乡次之。

（四）小结

从民族间对比的视角来看，各民族间在长期、中期和短期返乡类型中由于受到政治、经济、文化、教育等条件的制约，呈现出不同的特点。与汉族相比，大部分朝鲜族属于中期和短期返乡型，特别是在短期返乡类型上呈现出非常高的比例数值。而汉族则大部分属于长期返乡型且呈较高比例数值，只有少部分人属于中期和短期返乡类型。

如表3.5所示，从民族内部比较的视角来看，朝鲜族在中、短期的返乡类型人数占比仍是最多的，但在中期和短期返乡类型人数的比例上相差不多，这也体现了政策和经济的变迁对返乡类型的影响。从汉族人口内部比较来看，长期返乡型仍占绝对高的比重，这与中国本土的经济发展、中国家文化以及传统文化的召唤不无关联。

表3.5　　　　　以返乡时间为变量的返乡类型　　　　（单位:%）

民族	长期返乡型	中期返乡型	短期返乡型	合计
朝鲜族	8	35	57	100
汉族	78	6	16	100
其他民族	50	50	0	100
占总人数比例	43	21	36	100

数据来源：问卷整理所得。

各种以时间为变量的返乡类型都受到国家政策、经济、文化等因素的影响，返乡类型在签证政策、经济发展趋势和国际关系的变化过程中相互转换。

二　返乡动机

赴韩务工青年在作出返乡决定时的动机和对返乡工作生活的预期，决定了返乡社会适应的程度。

谢瑞斯（Francesco Cerase）在研究赴美务工的意大利南部地区返乡移民时，论证了返乡的预期和动机与社会经济环境对返乡社会适应的重要影响。根据对返乡理想、预期和需求的考察，他提出了四种返乡类型：不适返乡型（return of failure）、保守返乡型（return of conservatism）、退休返乡型（return of retirement）和创新返乡型（return of innovation）。第一，不适返乡型是指移民在客居国遭受歧视和刻板印象的负面影响，很难融入国外生活。这种无法积极融入客居国社会且无力调适的困境成为这一类型返乡者的主要返乡动因。第二，保守返乡型是指返乡者在赴境外移民之前，就已做好赚足钱返乡置地的打算，让自己从地主的控制中解放出来。出于这种志向和策略，保守返乡型只注重自我需求和亲属需求的满足，并不致力于改变社会的运行机制，相反，这一类型的返乡者有助于维持强化固有社会机制的运行。第三，退休返乡型是指移民在退休后选择返回母国且买房置地安度晚年。第四，创新返乡型，是四种类型中最为积极的返乡模式。返乡者会利用他们在移民期间所学新技能来实现自身目标。他们坚信在国外打工所赚的钱和习得的新技能能够改进自己和母国社会的现状。但这种创新型返乡者往往会遭遇既有利益团体的排挤和阻挠，因为任何形式的变革创新都会改变传统权利关系和利益分配方式。[①] 本研究以谢瑞斯（Cerase）的返乡类型

[①] Francesco P. Cerase, "Expectations and Reality: A Case Study of Return Migration from the United States to Southern Italy", *International Migration Review*, 1974, 8 (26), p. 245.

为基础，根据研究对象和研究实际需要，从返乡动机的视角将赴韩务工青年的返乡类型分为主动返乡型和被动返乡型。

（一）主动返乡型

主动返乡型是指跨国（境）流动者的返乡决定出于本人主观意愿。主动返乡型包括三个子类型：保守返乡型、休养返乡型和创新返乡型。

1. 保守返乡型

保守返乡型是指返乡者在移民出国之前就设定好目标，例如赚足钱返乡置房、购车、娶媳妇等，使其成为某种资源的所有者，将自己从母国资源所有者的控制中解放出来。一旦目标可以实现，移民就会归国返乡并计划长期定居下来。

表3.6 各民族保守返乡型人口比例 （单位：人；%）

主动返乡型	朝鲜族		汉族		其他民族		总体	
	人数	占比	人数	占比	人数	占比	人数	占比
保守返乡型	4	5	80	95	0	0	75	18

数据来源：问卷整理所得。

根据统计，汉族在保守返乡型的人口比例远高于朝鲜族。如表3.6所示，汉族保守型返乡青年占保守返乡群体的95%，朝鲜族这一比例为5%。由此数据可以看出，大多数朝鲜族青年的赴韩务工活动并非短期、单次经济流动行为，而是持续性的跨境流动行为。大部分朝鲜族赴韩务工青年在完成既定经济目标后，可能会回国一段时间，但不会选择长期回国定居和发展。这与朝鲜族的族群流动特点和签证优势有关。通过调查发现，很多朝鲜族青年的核心家庭成员和扩展家庭成员都长期在韩国打工，即便回国，很多时候一家人也不是同步的。并且，由于赴韩务工的民族便利性，使得大多数朝鲜族青年不会选择留在国内工作，因为同样的工作在韩国的收入是国内的3—5倍以上。而相对而言，保守返乡型中大部分是汉族青年群体，首先是大多数汉族青年在赴韩务工前都要缴纳高额的中介费,再次出国就意味着还要投入大量的资金在中介费上。再加上这一群体正值要结婚的年龄,很多汉族青年都是计划赚一笔钱之后,回乡做点买卖或找个好工作,然后结婚安定下来,在国内继续发展。

2. 休养返乡型

休养返乡型是基于退休返乡型针对青年务工者改良的一种返乡类型。因为,青年务工者还没有达到退休年龄,所以这一群体不会因为退休而归国返乡。但是,有不少移民却本着在国外赚一些钱后回国休息、调养甚至享乐的目的返乡。这类返乡者返乡后不会急于找工作或创业,而是完全处于一种短期的"退休"状态。他们注重物质的享受,通常偏好炫耀性消费。等到在国外赚回的钱花得差不多了,就再次出国打工努力赚钱。

表3.7　　　　　　　　休养返乡型各民族人口比例　　　　（单位：人;%）

主动返乡型	朝鲜族		汉族		其他民族		总体	
	人数	占比	人数	占比	人数	占比	人数	占比
休养返乡型	158	67	78	32	1	1	237	51

数据来源：问卷整理所得。

如表3.7所示,在休养返乡型人口中,朝鲜族占67%,这么高的比例是有原因的。首先源于韩国对朝鲜族的优惠跨境政策,大多数朝鲜族群体拥有的签证类型允许其较为自由地往返于中韩之间;其次是高收入,在韩国辛苦劳作的结果使朝鲜族年轻人收获了高额的薪资,因此,朝鲜族青年在韩工作几年后都会选择回国休息,调养和享受一段时间。形成了在国外拼命赚钱,在国内使劲儿消费的现象。等到钱花光时,他们会再次踏上赴韩打工之旅,形成一个新的"出国打工—回国消费"的循环。汉族休养返乡型群体相对较少,占全部休养返乡人口的32%,这些人大部分有一定的学历,可以申请到永居的签证;或者有一部分是通过与韩国人通婚获得F6签证,或作为朝鲜族配偶获得F1签证的汉族青年人。

3. 创新返乡型

创新返乡型是指返乡者在国外期间努力学习新的技能和知识，积累一定的经济资本、文化资本和社会资本，在返乡后，利用这些资本更好地生活、工作或创业，以期改变自身阶层和地位，同时改变周边环境和社会。但在闭塞落后的地区，这类返乡者的返乡历程也是较为艰难的，这一类型的返乡群体想要变革时会遭遇强权关系和既有利益群体的阻碍，因为创新举措很有可能破坏现状和传统权力结构。

表3.8　　　　　　各民族创新返乡型人口比例　　　　（单位：人；%）

主动返乡型	朝鲜族		汉族		其他民族		总体	
	人数	占比	人数	占比	人数	占比	人数	占比
创新返乡型	42	52	39	48	0	0	81	17

数据来源：问卷整理所得。

如表3.8所示，创新返乡型群体中，朝鲜族和汉族返乡青年占比接近，朝鲜族略高一些。首先是因为朝鲜族在返乡后，可以利用自身的语言优势和在韩国所学技能在国内的韩资企业谋得收入较高、社会地位较好的工作；其次，创业也是创新返乡型群体的另一个重要特点。由于延边地区经济发展缓慢，经济结构不完善，相关扶持政策还很有限，因此，大部分返乡青年创业都是做小微企业或个体户经营，从事的行业多为餐饮、娱乐和日用品销售，抗风险能力差，且极易受当地经济形势的影响。因收益有限，又极不稳定，开起来的小店通常是做不了两三年就倒闭或关门了。不少青年再次出国，寻求第二次机遇和项目。当然，也有成功创业的返乡者，这类返乡者通常都在回国前积累了大量的人力、经济和社会资本，回国后积极整合国内外优势资源，走出了一条国际化创新发展的道路。

（二）被动返乡型

被动返乡型是指赴外务工者的返乡决定并非出于本人主观意愿，而是受客观环境所限不得不作出返乡的决定。被动返乡型包括两个子类型：他国不适返乡型和他国政策不利返乡型。

1. 他国不适返乡型

他国不适返乡型是指在国外旅居期间因某种原因不能适应国外生活而被迫回国的返乡者。造成返乡者不能适应国外生活的原因是多样的，如遭到歧视或不公平待遇、文化价值观冲突、刻板印象（stereotype）、生活方式、人际关系或工作困难等。

如表3.9所示，他国不适返乡型总体上人数非常少，仅占总样本量的1%。汉族占比比朝鲜族略高。首先，在文化层面，本调研的田野范围是延边朝鲜族自治州，在这一区域里，朝鲜族和汉族早就相互融合，对彼此的文化、行为方式甚至主语言都有所熟悉和理解，汉族与朝鲜族整合较深。且由于长年的经济互动和媒体传播，很多中国青年十分向往韩国文化、饮食和生活方式。因此，在这一区域内，中韩两国的文化距离并不大。其次，在赴韩务工的预期方面，大多数青年赴韩的目的是为了赚钱，他们也从中介和去过韩国的人那里听说过工作中的累、脏和生活中会出现的不适，因此，对生活和与人交流时出现的不适是有心理准备的。虽然在调查中发现，无论是汉族还是朝鲜族务工青年都会遇到不适感，但很少有人因为文化、生活的差异和工作太累带来的不适而被迫选择离开。

表3.9　　　　　他国不适返乡型各民族人口比例　　　（单位：人；%）

被动返乡型	朝鲜族		汉族		其他民族		总体	
	人数	占比	人数	占比	人数	占比	人数	占比
他国不适返乡型	2	23	4	67	0	0	4	1

数据来源：问卷整理所得。

2. 他国政策不利返乡型

他国政策不利返乡型主要是指由于签证到期不得不回国或因非法滞留韩国被查处等原因被遣返回国的打工者。这一群体归国返乡并非出于自愿，而是被迫为之。因此在返乡过程中主观层面就会对社会适应造成一定障碍。

表 3.10　　　　　他国政策不利返乡型各民族人口比例　　　（单位：人;%）

被动返乡型	朝鲜族		汉族		其他民族		总体	
	人数	占比	人数	占比	人数	占比	人数	占比
他国政策不利返乡型	26	27	78	62	1	1	98	23

数据来源：问卷整理所得。

如表 3.10 所示，他国政策不利返乡型的总体人数较多，无论是朝鲜族、汉族还是其他民族都或多或少地受到不利政策的影响，特别是汉族赴韩务工群体，因为他国政策不利的原因返乡的占 62% 之多，朝鲜族因为他国政策不利返乡的占 27%。从出入境政策来看，因韩国向中国开放劳务市场后，推出过针对外国劳工的签证政策，一是产业研修生制（1993 年）；二是雇佣许可制（2004 年）；三是访问就业制（2007 年）。其中前两种政策都因其对工种、工作场所的限制，且工人工资大量被韩国老板和中介压榨，要想赚到钱，大量赴韩务工者采取了"跑"的策略。所谓"跑"，就是逃离原工作种类和工作场所，脱离中介的压榨。但因为其违反了签证中所规定的固定场所、固定就业的要求，这些"跑"的人，只能沦为非法滞留者。如不被抓到，就可以多赚点钱攒起来，然后数年后回国，且护照上留有滞留韩国记录，很难再被韩国政府批准签证入韩务工了，所以很多人一做起黑工来，就意味着只要还想在韩国赚钱，就不能回家的境地，因此，有很多人在韩国打黑工 8—10 年，也不能且不敢回国。虽然赚的钱还是可以通过一些渠道寄给家人，但是长年不得与家人相见。有新闻曾报道过他国政策不利返乡型中"在韩非法滞留的中国务工人员"，十分形象地描述这一群体的尴尬境地：

> 韩国目前在打击"黑工"，打击对象就是外国非法滞留人员，共有 16 万人。在这些人中，中国人达到了 7.6 万，人数最多。为了到韩国赚取高工资，有些中国人在国内借钱花中介费办韩国劳务。大多数人在韩国只能从事所谓的"3D"（脏、险、累）工种。而且，由于有些黑中介给办理的是旅游签证，而不是工作签

证，有些中国人在3个月的旅游签证期满后，就沦为"非法滞留者"。面对法务部和执法人员的搜查，他们面临着随时被抓起来然后遣返的危险，因此这些人会四处逃散，因为一旦被逮捕遣返回中国，就意味着这些本就贫穷且负债累累的劳工和劳工家庭们遭受经济上的重创且再也无力改变现状。目前，在韩国出入境管理所的收容所里就有不少来自中国的"黑工族"。①

他国政策不利返乡型中汉族务工者多于朝鲜族的原因是：韩国在2007年推出了针对朝鲜族的优惠签证政策——访问就业制，通过这一签证赴韩务工的朝鲜族可以自由选择工种、工作场所，且可以比较自由地往返于中韩两国。最重要的是再次来韩务工不用再托人花钱写邀请函或者花高额中介费，朝鲜族不需要成为"黑工"也能赚钱了。这一政策的推出虽然有其民族历史渊源，但也无形中造成了赴韩签证、就业机会和就业待遇的不平等。中国汉族及其他民族的青年务工者赴韩打工仍需要花高额中介费，或不得不变成"黑工"或多打几份工才能赚到和朝鲜族赴韩打工者做一份工作差不多的薪资。所以，中国汉族和其他民族打工者受到不利政策被迫回国的人数要远高于朝鲜族。

（三）小结

从总体上看，主动返乡者比例要高于被动返乡者，分别为76%和24%（见表3.11）。在全体被动返乡青年中，他国政策不利返乡型占比最高，占比11%。可见赴韩务工者非常吃苦耐劳，即便生活、工作等方面出现不适或困难，也能坚持下来，很少会中途因不适而被迫返乡。大部分返乡者是因为韩国政策不利造成的不平等而铤而走险，最后不得不被遣送回国；在主动返乡型中，休养返乡型人数比重最高，占总体返乡人数的51%，占主动返乡人数的59%。

---

① 《韩国法务部有位"中国通"讲述在韩华人辛酸苦辣》，中国新闻网（http://news.sina.com.cn/c/2011-03-22/092722159326.shtml），2011年3月22日。

这一群体的68%以上都是朝鲜族。如前所述，因为朝鲜族的签证种类优于其他民族，可以实现一定程度的出入境自由和工作选择自由。

表3.11　　　　返乡动机类型各民族内部人口比例表　　　（单位:%）

民族 返乡类型	被动返乡型		主动返乡型			合计
	他国不适返乡型	他国政策不利返乡型	保守返乡型	休养返乡型	创新返乡型	
朝鲜族	1	11	2	68	18	100
汉族	1	34	35	13	17	100
其他民族	0	50	50	0	0	100
占总人数比例	1	23	18	51	17	100
	24		76			100

数据来源：问卷整理所得。

从各民族内部来看，返乡动机类型的占比呈现出以下不同的特点。

如表3.11所示，朝鲜族青年务工返乡群体中，以休养返乡型居多，占68%；创新返乡型次之，占18%，他国政策不利返乡型占11%，他国不适返乡型仅占1%。这主要是由于朝鲜族在签证方面可以获得如H2、F1、F4等多次自由往返韩国的机会，打工在一定程度上也可自由选择，所以大多数朝鲜族青年回国主要是为了休养和与亲人朋友团聚，然后再次赴韩务工，形成"出国赚钱—回国休养"的循环型人口流动模式。他国政策不利返乡型中的大部分朝鲜族属于"雇佣许可制"和"产业研修制"造成的历史遗留问题，有不少当时"跑"了的非法滞留者因违反出入境政策而被遣返。

汉族青年务工群体在返乡动机上以他国政策不利返乡型和保守返乡型居多，分别占34%和35%。可见，大部分汉族青年务工者赴韩打工都是单次行为，要么因政策所带来的不可承受之重被迫回国，要么就是在达成一定经济目标后主动选择回乡安居。如果再次出国务工，其目的地很有可能会变成其他国家。

三 返乡适应效果

在返乡适应效果上,本书借鉴了贝利(Berry)的文化适应类型理论,并根据研究需要调整跨文化(跨境)流动方向,将离乡变为返乡。贝利针对身处国外的移民提出了四种文化适应的模式:第一种是文化整合(integration),指客居者既能保持和认同母国文化,也能接受并认同客居国的文化价值;第二种是文化同化(assimilation),指移民与母国文化渐行渐远,积极认同客居国文化;第三种是文化隔离(segregation),指客居者排斥客居国的文化,对母国文化和价值观更加认同和向往;第四种是文化边缘化(marginalization),指客居者既不认同母国文化,也很排斥客居国的文化和价值观。① 基于贝利的观点,返乡者回到本国后也面临挑战,本国文化与客居国文化、生活和工作方式的差异和冲突。

表3.12 以返乡后社会适应效果为变量的返乡类型

维度1	维度2	是否认同和延续移民国的社会、文化和工作生活方式	
		是	否
是否回归和接纳本国的社会、文化和工作生活方式	是	整合型	归认型
	否	区隔型	边缘型

如表3.12所示,在适应效果上因劳动力流动的方向而有所改变,本书从两个维度考察返乡者的返乡社会适应效果:第一维度是返乡者在返乡后对母国文化和工作生活方式的认同;第二维度是返乡者对原客居国文化和工作生活方式的认同。从这两个维度出发,将返乡社会适应类型分为:整合型、归认型、区隔型和边缘型。整合型是指返乡者回乡后,能够适应本国文化、工作和生活方式,同时对上一客居国的文化和经历持一种正面的态度,能够将两国文化和生活积极地整合

---

① Berry J. W., "Acculturation and Adaptation in a New Society", *International Migration*, 1992 (30), pp. 69–85.

起来。不是相互对立而是相互融合；归认型是指在回国后，完全认同和接受母国价值观和工作生活方式，对劳务输出国的社会文化及生活方式存在强烈的排斥心理；区隔型是指返乡者在归国后对本国社会文化及生活方式产生强烈的排斥感，对客居国的社会文化和生活存有深深的怀念和认同感；边缘型是指返乡者在归国后对母国和客居国的价值观和生活工作方式都不认同，排斥与任何一方进行主动自觉地社会和文化互动。

（一）整合型

本研究中，整合型返乡适应效果是指赴韩务工青年返乡后对本国和韩国的文化价值观及生活工作方式都有一定程度的认同感，且在返乡生活中能够很好地整合自己在韩国的学习和务工经历于回国的生活中，做到心理、认知和行为上的平衡与协调。根据对问卷的整理和分析发现，55%的返乡者属于整合型返乡类型。当然，这并不是说每个人的整合程度都是一致的，需要对个案的深入访谈才能厘清整合型返乡者的特征、返乡过程和整合的程度。

表 3.13　　　　　　整合型返乡适应效果的人数比　　　　（单位：人；%）

返乡适应效果	朝鲜族		汉族		其他民族		总体	
	人数	占比	人数	占比	人数	占比	人数	占比
整合型	146	57	109	42	1	1	256	55

数据来源：问卷整理所得。

从各民族在整合型返乡的比例上也呈现出不同的特点。朝鲜族在整合型返乡中所占比例较高，为57%；汉族整合型返乡比例为42%。根据前面对返乡时间和动机的分析可知，大部分朝鲜族都是中、短期返乡者，他们返乡的动机大部分是为了休息或探亲等。所以，朝鲜族在对返乡的预期上，主要是休息调养和亲朋团聚；对出国的预期就是努力打工，赚钱和积累财富。在明确和平衡了出国与返乡的不同目的和期待之后，大多数朝鲜族呈现出整合型返乡状态，既认同国内的生活方式,也认同国外的生活与工作方式。汉族返乡者在整合返乡类型上与朝鲜族略有不同,因大部分汉族都是长期返乡者,返乡动机主要是保守返乡型和政策不利返乡型。因此,汉族返乡者在回国之后通常没有机会也不会选择再去韩国,因为出国成本对大部分汉族返乡者而言比朝鲜族高得多。既然不太可能再次出国,一部分汉族返乡者也会整合本人在韩国攒下的薪水和在韩国的工作生活经历,用这一经济资本和些许的技术及文化资本进行创业,或者找到较为满意的工作。

(二)归认型

归认型返乡者是指返乡务工青年从韩国归国后,对中国的生活方式、工作节奏和人际关系及文化价值观十分认同。归认型返乡者对韩国的文化和工作生活方式并不认同,甚至十分排斥。归认型返乡者占总样本的23%(参照表3.14)。在前文所述的返乡动机类型中,有一些返乡者是被动返乡的,或由于生活、工作节奏及强度不适应返乡,或由于韩国签证政策不利而返乡,总之,这一人群在返乡后有相当比例的人数成为归认型返乡者。

表3.14　　　　归认型返乡适应效果的人数比例　　　(单位:人;%)

返乡适应效果	朝鲜族		汉族		其他民族		总体	
	人数	占比	人数	占比	人数	占比	人数	占比
归认型	48	40	71	59	1	1	120	26

数据来源:问卷整理所得。

在民族人数的比例上,朝鲜族中归认型返乡人数占40%,汉族占59%。因为,汉族受被动返乡因素影响较大,其文化和生活方式较之朝鲜族与韩国文化和生活方式差距较大。因此,在归认型民族人数比例上,汉族要多于朝鲜族返乡者。

(三)区隔型

本研究的区隔型返乡是指返乡者从韩国回国后,对中国文化、经济社会环境和工作生活方式非常不认同,很难适应;对韩国文化、经济社会环境和工作生活方式十分怀念和认同,且期待再次回到韩国。可以看出,区隔型返乡者总体数量占比还是相对较小的,仅占所调查样本的16%。

表3.15　　　　　区隔型返乡适应效果的人数比例　　　（单位:人;%)

返乡适应效果	朝鲜族		汉族		其他民族		总体	
	人数	占比	人数	占比	人数	占比	人数	占比
区隔型	35	47	40	53	0	0	75	16

数据来源:问卷整理所得。

如表3.15所示,区隔型返乡者中朝鲜族占47%,汉族占53%。这是由于长期在韩国工作和生活,朝鲜族和汉族打工者已经较为认同其经济生活模式和空间,由于某些因素,回国后,返乡者发现很难再次融入国内生活圈,并且也不情愿做着类似的工作,收入却减少四成左右。再加之延边地区近年来空气质量下降等环境因素,不适的感觉就更显著,对韩国的怀念和认同也就越凸显。所以在区隔型返乡的民族人口比例上,朝鲜族和汉族返乡群体的比例相近。

(四) 边缘型

边缘型返乡者是指返乡者从韩国务工回国后,对国外的生活和文化不愿再提及,非常排斥;对本国的社会和生活也很不满,不认同国内的文化及工作生活现状。在前述有关被动返乡群体中,一些赴韩打工青年因不认同自身经济社会地位和处境,选择高额借款出国打工。然而由于黑中介的欺骗或个人签证不允许自由在韩务工等原因,很多人在韩国还没有工作几个月,就被抓住,然后强行遣返回国,永不许入境。可想而知,这些人在韩国期间的生活也是提心吊胆,毫无保障甚至尊严的。因此,这类返乡者在回国后很有可能成为既不认同国内也不留恋韩国的边缘型返乡者。这类群体在整个返乡群体中所占比重最小,仅占3%。

表3.16　　　　边缘型返乡适应效果的人数比例　　　（单位：人；%）

返乡适应效果	朝鲜族		汉族		其他民族		总体	
	人数	占比	人数	占比	人数	占比	人数	占比
边缘型	3	21	11	79	0	0	14	3

数据来源：问卷整理所得。

通过对比发现（表3.16），边缘型返乡者中汉族比朝鲜族返乡者的比例要高很多，汉族占比79%，朝鲜族占比21%。这是因为汉族中被动返乡型居多，在不得不返回中国后，既不认同中国的经济、人文与自然环境，不满意自身在国内的社会经济地位；同时，这一群体也觉得韩国的生活不堪回首，自己在韩国所受的不公平对待是此类返乡群体心中挥之不去的阴影。因此，汉族边缘型返乡者多于朝鲜族返乡者。

（五）小结

综上，返乡适应效果在一定程度上受到返乡时间和返乡动机的影响。返乡适应程度的高低与返乡者自身所属的文化类型和自身的预期与行动选择息息相关。而各返乡适应类型之间也可能会因为个人经历的改变和国家社会经济的发展而相互转换。

表3.17　　　以返乡后社会适应效果为变量的返乡类型　　　（单位：%）

民族	整合型	归认型	区隔型	边缘型	合计
朝鲜族	63	21	15	1	100
汉族	47	31	17	5	100
其他民族	50	50	0	0	100
占总人数比例	55	26	16	3	100

数据来源：问卷整理所得。

从民族内部来看（表3.17），朝鲜族整合型返乡者人数最多，占整个朝鲜族研究样本的63%，归认型次之，占21%，区隔型占15%，边缘型整体占比较少，仅为1%；汉族返乡群体中，也是以整合型返乡群体居多，占47%，归认型占31%，区隔型占17%，边缘型占5%。从各民族内部返乡适应类型的占比看，各民族内部的返乡适应类型占比趋势是相似的，但是因民族历史、文化、经济环境和社会网络等因素的不同，在各民族内部还会有不一样的适应过程和效果。这需要细致地进行个案分析，才能细察民族间适应过程的差异和各影响因素之间的博弈。

四　返乡类型间的逻辑联系

（一）相互影响　互为因果

不同变量影响下划分出的返乡类型是相互影响、互为因果的。

如表3.18所示，以返乡动机类型作为参照类型，分析其与返乡时间类型和返乡适应类型之间的逻辑联系时，可以发现：创新返乡型，是在返乡后要整合中韩两国务工经验和一切可用资源进行返乡就业和创业，需要长期在国内扎根发展且持一种开放包容的态度进行职业的接续性发展。因此，与长期返乡型和融合型返乡型相关性极高；休养型返乡者，主要返乡目的是休息、调养和访亲友或相亲结婚，所以一般不会长期停留在国内。同时，因休养型返乡者能够很好地平衡国内和国外的工作和生活，明确界定不同国家在其工作生活中的不同作用，因此，返乡后不会与亲朋或其他相关人员产生太多利益冲突和两难。因此，休养型返乡者与中、短期返乡型和融合型返乡者有较为明显的相关性；保守返乡型是指返乡者在韩国已经完成了既定的赚钱目标或学习目标而返回家乡的返乡群体。因此，这一返乡类型与长期返乡型和归认型相关性较大；他国政策不利返乡型是由于签证问题或劳动保障问题被迫选择还乡的群体，与长期返乡型、边缘型和归认型相关性密切；他国不适返乡型是指返乡者在韩国期间因为歧视、语言不通、生活不适、难以坚持工作等原因而不得不回国的群体。因此这一返乡类型与长期返乡型、归认型和边缘型相关性较高。

表 3.18　　各返乡类型的相关性示意表

		创新返乡型	休养返乡型	保守返乡型	他国政策不利返乡型	他国不适返乡型
返乡时间类型	长期	＋＋＋		＋＋＋	＋＋＋	＋＋＋
	中期		＋＋			
	短期		＋			
返乡适应效果类型	融合	＋＋＋	＋＋＋			
	归认			＋＋＋	＋	＋＋
	隔离					
	边缘				＋＋	＋

注：加号表示强度，＋＋＋表示强，＋＋表示中等，＋表示一般，无加号表示没有关联或相关性较差。

资料来源：问卷总结所得。

（二）相互转换　时移事异

但现实的情况是动态的，充满不确定性且不断变化的。以保守型返乡者为例，通常这种类型的返乡者也是长期返乡者。因为通常出国目标的设定就是为了能更好地、可持续地、长期地回国生活发展。但是，由于经济、政策、社会及个人际遇的缘故，保守型返乡者很可能会再次成为出国打工者，这种个人身份转换的动态过程、社会变迁、人文与自然环境的影响需要通过个案的延伸探查才能清晰地描绘出这种身份张力的冲突与调适的发展轨迹，本书会在接下来的章节来详细分析这一动态过程。

（三）局限性

类型学意义上的返乡者划分，有助于宏观地把握返乡者的群体特点。但是，仅以静态的方式关注青年返乡务工群体，太过机械化和表面化，应该深入个案中，在不同类型中找到具有代表性的个案进行深入、动态的考察和分析。因此，本研究接下来的三章将展开细致动态且更贴近研究对象的个案研究。在接下来的研究中力求实现以下目标：

一是调查各返乡类型相互影响的过程，各类型的返乡行为是如何相互关联且通过社会互动进行相互影响的，着力从人的社会互动中考察人与人、人与物质、人与组织以及人与国家等多个层面的关系变迁和认同转变。描述这一社会适应的过程。

二是不同返乡类型群体间在何种条件下相互转换的过程。考察文化、经济、政治政策怎样促使不同返乡类型发生变化和转换的。同时，拉开视野，从关系角色扮演、物质消费与物理空间的认同和国家民族归属的角度，分析不同社会因素对人的影响，解释人在不同返乡类型转换中出现的困境和原因。

第四章 物质认同的张力与返乡社会适应困境

物质是一种体现人的认同的客观符号，是一种交流工具和象征。因其是客观的，并非任意的，其符号表达功能应是社会成员都能解读的。因此，历史过程中社会和文化结构决定了物质认同的内容。物质认同是可视且可被感触的，作为一种外在表象和线索，暗示着某种社会认同、地位和身份的符号。一方面，人们可以通过非语言交流来传播自己的认同；另一方面，也使人们对"他者"的认同和身份进行大致的分类和识别。这些物质符号包括人们所穿的服装、食物、居住的房屋和区域等。[1] 跨境务工者一旦返乡归国，母国社会环境和社会机制就对其返乡有着重要的影响，返乡也是一个情境问题，母国的物质环境和物理空间对其返乡过程和社会适应的效果影响深远。[2]

一 符号消费的现实两难

高消费，是延边地区的特点之一。尽管从经济发展的角度讲，这一地区的农业、工业和服务业发展都处于全国中低水平，但其消费水平却是全国最高的城市之一。以国家统计局公布的数据显示，2015

---

[1] 王宁：《消费社会学》，社会科学文献出版社2011年版，第125—130页。
[2] Jean-Pierre Cassarino, "Theorising Return Migration: A Revisited Conceptual Approach to Return Migrants", EUI Working Papers, 2004 (2), pp. 4—5.

年我国人均国内生产总值为50251元，① 而延边州的人均生产总值为41390元，② 比国家平均水平还要低8861元。此外，根据延边州统计年鉴的数据显示，2013年延农村农民纯收入仅为8351元。而根据吉林省县域网③发布的《延边位列2015年中国消费力十强城市榜第六名》的新闻显示：根据《第一财经周刊》对338个中国地级以上城市综合消费能力的统计排名发现，延吉市（延边州首府）人均社会消费品零售总额为4.18万元，与北京、上海、长沙等城市一起成为中国消费力十强城市。④ 那么，为什么延边人的国内收入居全国中下等，而延边人的消费能力却在全国排在前十名呢？答案显而易见，主要靠国外收入，靠延边人出国（主要为韩国）打工赚回来的钱消费。那么，为什么延边人在韩国辛苦赚钱、攒钱，回国却过度消费呢？除了购买生活必需品，赴韩务工归国人员还进行哪些消费使得这一区域的消费水平居全国前列呢？赴韩务工者进行这样的消费，其目的又是什么呢？对于这些问题的厘清，有助于了解赴韩务工者的返乡适应过程和适应效果，也对这一地区的经济生活和社会发展有一定的指导意义。

首先，赴韩务工的返乡青年认为延边及国内的消费水平高不高呢？在被问及"你打算长期回国发展吗？"很多受访者都表现出了一定程度上的犹豫，其中主要原因就是国内消费高的问题。

> 我觉得国内的消费太高了。相对韩国来讲，国内的消费还是很高的。
>
> 刚去（韩国）的时候会折合算成人民币看一下多少钱，如果太贵了不买，但是后来就会根据赚的工资的基准，就是收入，像

---

① 中华人民共和国国家统计局官网（http://data.stats.gov.cn/easyquery.htm?cn=C01）。
② 中国统计信息网（http://www.tjcn.org/tjgb/201605/32902.html）。
③ 吉林省县域网是由"中共吉林省委财经领导小组办公室"和"中共吉林省农村工作领导小组办公室"主办（网址为http://www.jlxy.gov.cn/）。
④ 吉林省县域网（http://www.jlxy.gov.cn/news.aspx?id=105507）。

中国是两三千,韩国是几百万,是按照这个去比较、去消费。因为你不可能每花一笔钱我都要折算人民币多少钱,所以你只能看收入的比例去花,最后也都够花,还得剩一些钱。像我在中国上班的时候,每个月也就2000多块钱,有的时候发个奖金、红包,撑死也不到3000块钱,刨出去自己的费用,然后租个房子,乱七八糟的,一个月也剩不了多少钱,月光美少女,基本上是。那个时候真的是攒不下钱。(FX18)

对,咱们延边花钱特别大,我就觉得虽然咱们那边工资不高,但是东西都很贵,尤其朝鲜族人我觉得好大方,什么好都舍得买。但是我现在出国了之后,反而变得更节省了一些。

延边物价涨得太快了。物价就跟韩国差不多,但是想想那边(韩国)的工资和物价……(FX21)

韩国有什么好一点的,就是工资水平和物价水平,和其他那些都差不多,比例比较协调一些,像中国的工资收入跟物价水平差得太多了。我们上北京出差的时候,二三百块钱,都没怎么花就没了。我去了一个星期,电话费就花了一百块钱。(FX20)

回国之后只能在家喝点儿酒,要是跟朋友出去坐一坐,玩一玩,打打麻将再回来。一会儿钱就没了,(消费)太高了。花那些钱都享受不到那些东西,跟大城市比真不行,什么都贵。(FX16)

长期从事中韩导游工作的受访者说:"现在中国旅游不起,反而出国旅游更便宜。"(FX19)

可见,返乡青年对国内特别是延边地区的高水平消费的评价并非正面的,是不认同的。第一,对于返乡的上班族而言,国内消费水平与韩国持平,而同类工作的收入却低于韩国3—4倍;第二,在服务性消费方面,返乡者认为国内服务与收费根本不匹配,同样的价钱,享受不到同样的服务;第三,和朋友的交流方式主要以各种娱乐性消费为主,而且消费水平奇高。

为什么在不认同国内消费水平的情况下，返乡者们还是要在回国后大肆消费呢？他们想要为自己"买"来什么？

（一）脆弱的标签：消费与社会流动假象

鲍德里亚曾指出：物的变化，在某种意义上是社会阶层上升的积极指认，同时也会转变为无法进行阶层流动的群体的心理补偿。①可以说，赴韩务工青年在赴韩劳务时都是怀揣着一个"韩国梦"的，韩国务工的履历既能使自身能力添上国际化色彩，同时也可以通过资金的一定累积实现回国后的向上发展，从而达到自身社会阶层的向上流动。在韩国，不少赴韩务工青年因穿着、饮食和个人用品的风格和档次遭过歧视，自尊心被严重伤害的同时，他们寻求一种靠消费流行和昂贵商品的方式来提高自信，消解外来的歧视带来的压力。而这种行为，也强化了赴韩务工青年对物的依赖和对符号消费的追捧崇拜。

> 我去韩国那家饭店工作的第一年，就感觉他们（韩国同事和老板）非常瞧不起咱们中国人，就包括吃东西的时候，当时给我印象深刻的一次就是：吃一种花蟹，或俗称的梭子蟹，不大的，没有多少肉，小螃蟹。咱们国内也有。当时他问我：你们国内有吗？哎呀，当时问完以后，我真的，给我一种很大的失望。后来我看那个包装箱，上面写的就是 made in China，就是咱中国产的，就是从咱们中国来的。哎呀，看着啊，特别特别生气。当初我来韩国那一年多，前两年吧，对我们的确是不好，干脏活呀，瞅我们那种眼神啊，真的……跟对韩国人真的差很大层次，我们现在穿的衣服也都是韩国的，或外国的，包括什么耐克，阿迪什么的。他们看我们的穿着，包括我们用的手机呀，电脑呀，都是苹果的，他也能看到。如果真的条件非常不好，他也能看到，是

---

① ［法］让·鲍德里亚：《消费社会》，刘成富、全志刚译，南京大学出版社2000年版。

第四章　物质认同的张力与返乡社会适应困境

吧。所以说，我也让他看，我们中国人也这么生活，你不要瞧不起我们。

回国吧，我也是肯定得吃好的，用好的。毕竟你在国外打工，收入还是比国内高，其实挣钱挣得多了，你有钱了，朋友更尊重你，一样。因为在这干一个月，比国内的同学当老师、公务员强，他们一个月也就2000—3000块钱，在这怎么也是相当于他们3个月的工资。我吃的、用的和玩的都不比他差。所以说他们还是心里有数，还是很热情地，有求必应。但是也没什么事求他们。（FX05）

鲍德里亚认为消费社会通过对富人的界定，造就了穷人对自身和富人的认知。富人的其他社会标签如"老板""创业者"被掩盖，富人就是有能力且愿意炫耀的消费者。① 因此，这种"富人"成了返乡青年效仿的对象。因为此意义上阶层的向上流动是容易模仿的，可以达到甚至超越的。在返乡青年的认知世界里，只要消费的够奢侈、够时尚且可以外在表现出来，就意味着阶层的提升和人生的成功。

这些返乡青年消费的不是物本身的功能，而是其所象征的符号意义。符号消费可以建构身份认同且彰显某种社会层级秩序。在这种消费文化主导的消费社会，个体想要自由就必须消费，形成对消费品的依赖性，进而产生对购物的依赖性。② 返乡的赴韩务工青年通过追求符号消费所带来的价值和意义，满足自身对阶层流动的心理诉求，实践个体意义，达成家族愿景，实现有钱有闲阶级的自由。但与此同时，也被捆绑在这所谓的"自由"的消费文化中。

对于短期、中期的休养型返乡者，这种蒙太奇似的阶层流动就这样通过返乡实现了，但是在消费耗尽了他们辛苦攒下的积蓄，阶层的

---

① ［英］齐格蒙·鲍曼：《立法者与阐释者》，洪涛译，上海人民出版社2000年版，第248—249页。
② ［英］齐格蒙特·鲍曼：《流动的现代性》，欧阳景根译，上海三联书店2002年版，第128页。

短暂提升难以为继的时候,他们就会再次背井离乡,重新积累,然后再次回到阶层流动的伪循环中。

> 从韩国打工3年回来,我赚了4万块钱吧。当时想的就是不想再回(韩国)了。回来之前怎么也得买几件像样的衣服、包、鞋呀,还有韩国化妆品也多买了一些,因为不知道再去韩国是啥时候了。再加上机票啥的,一下子就花了1万块钱。回国以后,我就不想给别人打工了,一个月赚那么点钱,也不够我花呀。所以我开了个饰品店,花了3万来块钱吧,但是也不知道为什么,人家干就赚钱,我干吧,最开始也还行,但钱都压到货上了,一点活钱(流动资金)也没有了。每天从早到晚守在小店里,也没有太多收入,钱也都花得差不多了。所以后来就把店兑出去了,延边经济也不景气,兑了一万块钱吧。摆在我面前的就是:在国内吧,我找不着稳定工作,只能去饭店打工,或者去一些小店做营业员、打字员什么的,一个月2000多块钱,我又要回到出国前的生活了,我可不想过那样的日子。想来想去,我让我妈又借了2万元,加上兑店的1万元,交给中介把我再办到韩国打工。(FX25)

返乡青年通过"消费即存在"的理念找到自身价值和存在感。然而,符号消费的目的就是寻求差异化,而不是同质化。因为差异会随着时间和空间的推移和转换不断被缩小,返乡者对消费的欲望也会不断增加以寻求这种差异化。[①] 因为韩国对于他们来说就是一个可以短期积累较多财富的地方,所以相比于长期在国内从底层打拼和修炼、通过多年积淀实现社会阶层的稳步提升,不如去韩国,干几年就可以实现财富的快速累积。然而,这些返乡青年实际上是被消费社会所营造的"消费即成功"的假象所蒙蔽,成功的人在其身份结构之中,

---

① 黄波:《鲍德里亚符号消费理论述评》,《青海师范大学学报》(哲学社会科学版)2007年第3期。

除了消费身份，还有职业发展的可接续、家庭结构的完整和社会网络的拓展，等等。在这种消费文化下，赴韩务工青年在返乡后短暂享受"阶层提升"的感觉，且不愿脚踏实地从事力所能及的工作，而是再次用消费的方式为自己打造一个看似光鲜的职业角色（老板、创业者），在没有经验和知识储备的情况下经营不善，导致事业和阶层提升的双重破产。然而，因为这种提升来得快且途径简单，所以返乡者也对这种符号消费的方式乐此不疲，一旦面临失败，就再次"洗牌重玩"，很少会痛定思痛、哪里失败哪里爬起来，很难坚持返乡时的职业发展梦想。

（二）礼物的沉重：消费和关系的疏离

赴韩务工青年回国后的另一项主要消费就是建立、发展和维系社会网络及社会关系的消费，并且以礼物的形式联系起返乡者与周边的社会网络。这其中包括通过物质消费改善核心家庭的生活水平，以此作为给父母或子女的礼物；买回的有韩国标签的高档商品，作为给亲友的礼物。物质消费成为一种建立关系的主动模式。①

> 我回国前还有一件事儿，就是给我妈和家里的七大姑八大姨买东西。毕竟是在韩国工作回去的呀，得带点韩国的东西给家里人。给我妈买的羽绒服也是，在韩国的那个品牌专卖店买，给我妈买了个冬天穿的厚的羽绒服之类的外衣，相同的衣服样子，不一样的牌子，都差不多的那种，中国卖200多元，我买的时候花了1800人民币。我买完那件衣服就后悔了，我在家挂了一星期，在那儿瞅着天天唉声叹气，后来想想买了就买了吧。（FX23）

> 人情世故，中国礼尚往来太多了，送礼送不起。不是说钱多少的问题，真送不起。回去之后就觉得什么都便宜什么都买，待了两个月之后，然后我爸告诉我，姑娘你知道你这个月花了多少钱，我说我不知道，他说你已经花了5万元了，不是说阔太太，

---

① 李薇：《当代符号消费与青年认同危机》，《中国青年社会科学》2016年第3期。

就是真不觉得买了什么东西，就想回去给父母换一套家电，是不是正常，就像那种大件洗衣机、冰箱、电视、电饭锅，乱七八糟换一套，太正常不过了。反正就想换点好的。给父母换一套新的，让他们开心一下，其实老人，有的时候靠一些东西哄哄，他们会开心的。

在韩国工作4年后第一次回国，天天出去吃，回来也是，都下半夜1—2点。一天天就是喝。我当初（在国内）当老板的时候也是，我的同学刚毕业，也没找着工作，没什么收入。我那时当老板吗，收入比较高，我这人是比较讲究的，我给他们打电话，请他们吃饭、玩、喝酒。那时延吉还有滚石迪厅（高档次娱乐场所），我就带他们玩，我当时比较大方。（FX05）

怎么不想（回国）啊，想啊。挣钱挣得多的话，回去。回去也是，钱挣的不是那么多。回家天天喝酒，打麻将，没啥意思。在这待着的话，累的时候休息，不累的时候干活儿，韩国这边挣钱快。（FX01）

你出国回来了，那些朋友总想占你的便宜，总想利用。钱的事儿呗。有的人没来过韩国，总以为我们的钱是天上掉下来的，容易挣，想的不一样。确实，以前我在中国时也认为韩国的钱好挣。我们就是体力干活挣的钱，回来后朋友以为钱是从天上掉下来的，捡回来的，就想骗点钱。所以，我的朋友这些年，以前关系都挺好的，现在关系也疏远了。（FX04）

当初我前妻离开我对我打击挺大。那时她嫁我的时候，我（条件）真挺好，收入比现在（在韩国）都高。当初（我）在国内挣钱挣得挺容易的，我什么都给她买好的，我好的时候你（前妻）跟我在一起。她是朝鲜族嘛，她来韩国之后，我收入比较低了，又离开我。我现在想的就是，多攒点钱，多挣点，有时候周日我也去打工，想着在国外能多挣点钱。在有限的时间内，多挣点。（FX05）

返乡青年回国后，为了彰显自身地位提升，为了满足自己所在的社会网络中每个亲朋的情感需要，更为了迎合当地的人情消费文化，通过购买高档的、品牌的、高价的商品来实现关系网络的建构、发展和维系。

然而，这种难以长期维持的消费方式却使得家乡成了一个想回却不敢回的地方，亲友成了想见却又怕见的人。人与人之间社会交往表面化，人情淡薄，关系疏远。原本正常的人际关系，因为消费的异化而变得淡漠和恶化，繁重的人情负担正在瓦解返乡青年群体的社会网络结构。这种不断异化的消费方式也改变了人与人之间的相处模式和社会文化，即送礼成了潜规则，有求于人时必送礼。正如鲍曼所指出的那样，消费是最终孤独的活动。① 个体、阶级、民族甚至家庭的纽带关系的依赖变得逐渐淡漠，甚至可有可无。这也在一定程度上阻碍了有志于回乡发展和创业的青年返乡者，回乡是一种错综复杂的关系和繁重的物质消费，反而不如出国来的简单且收益高。

（三）小结

返乡的青年务工者通过高消费来享受阶层的自由流动，强化自我认同，矫饰社会地位，最终带来的是事与愿违的自我否定和关系疏离。

首先，是对自我的疏离和不认同。返乡青年不通过返乡后的扎实劳动和自身技术的提升去实现社会阶层向上流动，而是通过消耗赴韩工作的有限积蓄来快速实现阶层流动的自由，这实际上是对自由的消解和压制。当自由被降格和矮化，压缩到最低程度时，高层次自我实现的路径也被封锁了。② 最终人被物役，"自我认同抽象为物的符号化"③，为了满足对符号消费的欲求，而不得不再次离乡拼命工作。消费社会中飞速运转的经济机器会不断循环这一"出国拼命赚钱—返

---

① ［英］齐格蒙特·鲍曼：《工作、消费、新穷人》，仇子明、李兰译，吉林出版集团有限责任公司2010年版，第74页。
② 李薇：《当代符号消费与青年认同危机》，《中国青年社会科学》2016年第3期。
③ ［英］齐格蒙特·鲍曼：《全球化——人类的后果》，郭国良、徐建华译，商务印书馆2013年版，第78—82页。

乡拼命消费"的魔咒。在离乡和返乡之间，随着人年龄的增长，良性社会流动无望，物质的不断减少，返乡者的精神支撑也会被瓦解，价值异化，自我矮化，自我疏离，从而走向虚无主义。

其次，是关系的疏离和异化。返乡青年通过对物的消费来界定自身存在的边界与内涵，建构自己与他人的关系。这势必造成了物的异化和关系的异化。人与人之间的关系如果仅靠物质符号进行界定和维系，那么这种关系的本身也就成了一种物质关系。人与人之间关系的形成，关系好坏的界定和关系的维系，都要靠消费来完成。这就注定使人与人之间的关系更加脆弱、疏离和淡漠。为了实现自我价值和关系的建构和维系，返乡青年和其社会网络也疲于应付各种符号的消费和接纳之中。最终，社会网络对物质需求的不断增大成为巨石压在返乡青年身上，后果是返乡青年不是被物质关系压垮，就是选择摆脱这种关系。

二 物理空间的认同障碍

物质认同还包括对物理空间的认同，从客观上也决定返乡者的社会适应程度。

（一）区域发展

赴韩务工青年选择去韩国打工，是因为民族、地缘和经济等因素的综合考量。而返乡后，返乡青年对所在区域的经济社会发展是否认同，也决定了其返乡停留的时间、返乡动机和返乡效果。

> 零几年的时候，咱延边干啥都好，做生意，真的，钱真的很好挣。现在不行了，人特别少，做生意成本都太高。那时候多好，门市房租金1500—2000块钱，非常不错。我做音像店时，在市标那地方，包括我70—80平方米的理发店，一年的租金也才2万块钱。而现在一个房子的租金，一个月没有6000—7000块钱，没有5000块钱打底，你都租不下来。而且在中心小学的

房子，新盖的像电梯楼的房子，我那时候还没出国的时候，100多平方米的，一个月1万，一年就12万。房费惊人哪，房费根本都挣不出来，没人去干，干了也是黄。(FX05)

谁都想回家（中国），没有人不想回家，没有一个人想待在这个地方（韩国），说心里话都是这么讲，但是一旦回家，这些人干什么？工作（打工）他们肯定不去干，挣得太少了，什么条件都不行。要是说回家，干点儿什么，投资干点儿什么，这样还行。不投资，自己干什么？打工的话，谁都不愿意在家打工。工作不好找，特别是延边那个地方，哪有像韩国这么多工厂，没有。

工作，真的是，你要是就回家正常上班的话，在国外待过的人，我估计70%的人都不愿意做。你要是自己投资在家里干点儿什么，好的项目，才能对你有吸引力，你要是打工，一点吸引力都没有，所以谁都不想干。(FX16)

我现在已经是韩国绿卡，所以说，应该是能干动活，在这儿干呗。等岁数大了以后回去养老吧。归根结底是得回家，对，毕竟我现在这个岁数回国的话，也没什么能干的事儿，咱们延边毕竟经济不景气，想往南方走的话，还不如出国呢。再一个就是，韩国的这些服务行业的态度等等，人均的素质确实比咱们高。(FX13)

区域的经济发展条件对人的生活方式和工作方式有着极大的影响，[①]它使得人在职业角色的社会分工以及收入水平上差异较大。对于短期返乡和中期返乡的返乡者来说，回国发展是他们心底的最真实的愿望。但是由于家乡区域经济发展缓慢，使得这些返乡者每次只能以休假、调养和探亲为目的短期回国一趟，消解一下乡愁。然而延边的经济迟迟振兴不起来，也成了思乡返乡者心里更深的乡愁。

---

① 刘诗贵：《地域差异的主流价值文化认同》，《重庆社会科学》2014年第2期。

（二）自然环境

马克思、恩格斯认为，人类的生产生活很大程度上取决于地理环境影响，自然环境也决定人的社会和精神生活。[①] 人类社会本质上是自然界长期发展的产物，自然环境也是人类存在和发展的物质基础。因此，返乡者对自然环境的认同也影响其返乡时间、返乡动机和返乡社会适应效果。

> 你知不知道，（抵达韩国后）一下飞机的感觉，呼吸的第一口空气，非常的清新，我们还晕车，然后在韩国，闻不到尾气味，咱们中国汽车排的那个尾气，尤其冬天，味可大了，在韩国的时候没有那种感觉，怎么没有味呢，问我老公，他说人家的汽油好。油跟咱们的油不一样。
>
> 仁川，是韩国第三大城市，我记得印象可深了。就第一次跟我老公上街，一个礼拜天去市场上溜达，他领着我上商场，走到市中心，那里的空气很新鲜，我说这是大城市吗？感觉像乡村的气息。（FX08）
>
> 我绝对不会（长期）回中国（发展）。怎么说呢，我也是中国人，别人要说咱中国不好，我肯定站起来反对，但是我自己要说，就是：第一，脏。你看我这个家，每天都在擦，早上擦一遍，有灰，晚上擦一遍，有灰，冬天我都不开窗户，而且我家住19楼，19楼应该没有太大的灰，但是照样有。出去，那白鞋穿出去，白裤子穿出去，回来全是一道一道的。不是说我爱干净，而是在韩国都待习惯了。再一个呢，乱。出去上市场也好，坐公交也好，没有排队的。我在日本待了3个月，日本比韩国还好。而我们这里的人在公共场所，大家都不遵守公共秩序。你上饭店看看，哎呀我的天，那个吵，自从我从韩国回来以后，我尽量不去饭店吃饭，去了之后头都被他们吵得大了似的，根本都不消

[①] 刘诗贵：《地域差异的主流价值文化认同》，《重庆社会科学》2014年第2期。

化，就是那种感觉。坐客车也是，在韩国也好，在日本也好，特别是日本，电车上都不让接手机电话。手机都放震动或者静音状态。你看我们这，客车上那个乱的呀，哇啦哇啦大家开始唠嗑，那声调特别高，而且接电话也是，我就看不惯。（FX02）

可以看出，赴韩返乡者在回国后，对国内的自然环境是不认可的。这就会造成人对自身所在的区域乃至国家产生不认同感，甚至疏离感。虽然身体返乡了，但是心还向往着韩国美好的自然环境和清新的空气。如果时机一旦成熟，就会选择离乡出国。因此，很多对环境不认同的返乡青年最后都选择了中短期返乡，返乡动机一般也是休养型或被动返乡型，返乡的社会适应程度也会偏向于区隔型。

（三）公共空间

公共空间，在本研究中指的是社会上存在的相对固定的空间，具有一定公共性社会关联形式和人际交往模式的场域，例如：餐馆、机场、车站、医院等。在这一概念中，包含两个层面的意思：第一，公共空间是一个相对固定的空间，可以承载一定的社会生活功能，人们为实现一定的社会生活功能（如用餐、坐车或看病等）而聚集于此地；第二，公共空间内的人们相互影响，具有特定的人际交往模式。因此，公共空间受到物质环境和人文环境的双重影响。公共空间是人们在社会生活中重要的活动场域，对于公共空间的认同直接影响人们对于自己所处的社会和国家的认同。因此，公共空间的认同决定着返乡务工青年的社会适应程度和返乡时间。

> 我主要是习惯韩国的生活环境，比较干净、安静，然后比较文明。开车的时候从来没有按喇叭的，抢道变道的，回国以后再开车根本开不了。
>
> 吃饭也是。我和朋友们去吃饭，你点菜多了，人家直接问，你点这么多能吃得了吗，你点那么多就够了。然后，你去点菜人家还告诉，这个菜最小的量就这些，吃不了打包给你带走。当你

结算的时候，说看你剩了那么多东西，我们给你打包吧。人家提议，我们给你打包！不是你提的。

而我上次在上海。我剩了菜，我说你把这个帮我打包吧。你猜人家说啥，你得掏一块钱的打包盒钱（惊讶），我说行（勉强）。拿回家其实真吃不了。人家韩国给你打包，给你放上筷子，还给你放上餐巾纸，怕你漏了，给你整得服服帖帖的。

再一个就是服务。你上医院，没病吧，转一圈回来都得生病，气病的。在国内看病是，挂号，医生给你看完病了，你还得拿这个单子再去交钱，交钱看完病之后，给你开完了药，再出来，再交钱。交完钱了，再干什么。反正就是好几趟好几趟的跑。

在韩国和日本看病，只说你的名字，然后你就坐在那里等待。然后护士给你领到你要看病的大夫门前，人家护士直接敲完门，你就直接进去就行。看完病之后，你出来以后让你稍微等一下，吧台会喊你的名字，然后你再检查。你的挂号、检查、药品的费用等一次付款。

在国内，你比如说有个感冒，给你开一堆药，都不知道是怎么吃的，你看，一个感冒好了，还得剩一大堆药。最后都不知道是干什么的，就扔了，那不是浪费吗？

而在韩国，就给你开3天的药，你也可以要求要5天的。人家是什么呢，早晨、中午、晚上一袋一袋都给你配好了，而且人家写上：早晨、中午、晚上。用印刷体，而且饭前饭后人家直接给你打钩。明明都写了，人家还会很耐心地告诉你一声。

给你举个例子，因为我胃不好，上医院看病做胃镜。我是在压力大或生气的时候，胃就会有痉挛，还有溃疡。所以我在韩国人家就建议半年必须做一次胃镜。然后我就在韩国做，每次去做，我都是自己去做，人家会问你做睡眠型的还是直接做。因为吃安眠药过敏，我是直接做的。你看人家那护士，从换衣服开始就直接跟着，她告诉我，你侧过身去，把嘴张开，不用紧张。护士从后面抱着你，一边拍着你的胳膊，一边像哄孩子似的说：哎呀，你做得真好，你做得真好。大夫呢，会直接让你看到显示屏，一边下管一边告诉我，现在我们开始了。你看这是你的什么什么部位，我们再往下一点，再往下一点，你看这个部位非常平滑。到了某些部位，就会说，你看你这里有溃疡，直接给你显示你这个溃疡是多大。为了安慰你，明明还剩5分钟，她告诉你还剩3分钟，坚持坚持。做胃镜最难受，但是你都不好意思有负面情绪。做肠镜也是，看到你肠道里有囊肿，人家会告诉你直接给你做下去了，而且是免费的。并且说，我们看这个囊肿是良性的，无须作切片检查，当然，您可以选择做，大概收费是多少。

然后回到国内，做了一次胃镜，哎呀妈呀，给我折磨得！护士就像喊孙子似的。中间难受的时候还责备你怎么不忍忍。检查完了告诉你在外面等着，你问病情，人家告诉你等结果，结果出来了，还得拿着单子去找医生，然后再给你开药，再去交费，再回来问药怎么吃。做肠镜，发现肠道里面有囊肿，也不告诉你，等你好不容易做完了，拿到结果了，给医生看，人家大夫告诉你得再做肠镜切掉囊肿。我问为什么不当时切掉，人家告诉你：我们医院有规定，得先交钱，才能做。而且，在延边医院是那样，你做了囊肿切除，必须得化验，还得交钱。所以就是还得重新交做肠镜的钱，交切除囊肿的钱，还有囊肿化验的钱！还得让我再做一次，我说多遭罪。他们只会说，你这囊肿有几个，你做还是不做，不做的话就算了，做的话还需要多少钱，你交不交，就这样！所以，我说看病，我不在这（国内医院）看了。

两个国家的医药费？中国比韩国贵多了。我是在韩国参加医疗保险的，国民医疗保险。一个月交11000—12000韩币，也就是70—80块钱。在韩国你参加了国民保险，一般小病，医院直接把保险的部分扣除，只收你你该交的部分。而保险部分，由医院直接和保险公司交涉，跟咱们没有关系。而在中国，你即使参加了这个医疗保险，也得病人先交钱，然后拿着这个收据，再去保险公司找人报销，而且这个部门，那个部门，从一楼到几楼得到处跑，跑一个保险得一天，累死人。一天有的时候都做不出来，一天你弄完了之后，她告诉你一个星期以后来取钱，或一个星期以后打到你的账户。而在韩国，我有一次发高烧住院，3天吧。3天可能才花了25万多。按人民币来讲可能是1500元，人家直接就告诉你，因为你参加了国民医疗保险，保险部分扣除后，你只需要交6万多韩币，也就是400块钱（人民币），几乎就是床费。他们还会直接给你解释，其实你能报更多，但是这里面的床费超标了，所以不能报销。床费如果是那种多人间的是可以报的，但是我要的是双人间，双人间保险公司不给报。我当时要双人间的时候，人家也告诉我了，两个人的不能报。在选病房时人家直接告诉你，四人间的保险公司给你报百分之多少，两人间和一人间不给报，分别是多少钱一天。（FX2）

再有一点，我做了韩妆代购呢，你的每一笔账款，在韩国的自动取款机里都能查到，但在中国就查不到。很着急呀，就觉得在中国做什么都很慢。我在韩国很适应，反而回国有一点点不适应。（FX08）

刚下飞机这件事，给我气得不行了，那是北京国际机场，代表一个国家的形象，进去了以后，我们是推着手推车，必须要坐直通电梯才能下去，扶手电梯是不让推着车走的，但是中国北京机场那个直通电梯特别怪，开两边开，合两边合，这一开的话，前后两边推车都要往里冲，一个电梯里面就能坐两个，这就是差距。我坐那个电梯等了40分钟硬是没下去。中国有些地方不是说它的硬件怎么好，它的软件，它的人文设施这些做得比较差，然后等40分钟，又有朋友开车过来接我，因为他那边好像是车位什么的过不来，然后我就硬下不去，我就问工作人员，有一些大妈大爷帮着指挥交通，他们也算是公务人员，我问一下，除了这部电梯的话，还能从哪儿下去？你知道他跟我说句什么吗？那不写着吗，你不会自己看？就这口气。真的就这口气，我一点都不夸张，所以我为什么说习惯了在这边，有些东西，比如咱中国的硬件比韩国、日本甚至欧洲的国家都好，但是服务不行。

你再有钱又能怎么样，你不还是（应该）以人为本，连最基本的东西都做不好，你再做别的，有什么用？其实像我们在国外的留学生也好，嫁过来的也罢，很多的中国人，我们在一起的时候也说这样的话，其实不是说韩国的东西有多好，韩国没有什么好吃的，吃的也不好，住的也不好，但是为什么大家都不爱回去，原因在哪儿，不是挣的高，就是环境完全不一样，环境太不一样了，就是人文环境，人的素质之类的，还是差得远。你想想韩国和中国有这种差距，那在日本呢，韩国照日本还差呢，在日本的话，那差距就更大了。（FX19）

通过对访谈内容的分析可以发现，从韩国打工返乡的青年对国内公共空间的硬件设施没有什么太多不满，但是对于公共空间的人文因素颇感无奈和不适。这也直接导致了不少青年返乡者只选择短期返乡。一是公共空间的硬件配套对人的关怀不够，如手纸的配给和自动提款机上个人查询功能的缺失问题。虽然因为人口和国情问题，这些现象可以理解，但从总的公共社会生活的便利程度上，返乡者还是认为国内处处不方便。二是公共空间中人的公共道德问题。大声喧哗、插队和冲突时时发生，且当事人不以为意，丝毫不考虑他人的感受。这让在韩国长期打工和生活的返乡者感觉到自身的公共权益受到侵犯，却又无处申诉，无力改变，只能忍气吞声或不断产生冲突。三是公共安全问题。陌生人之间、社会服务者和被服务者之间彼此没有安全感，对于个人财物保护的警戒程度被各种负面社会事实所强迫提高；返乡者有心维护公共道德，但是很有可能被无理报复，且求助无门，因为周围都是冷漠的旁观者。四是公共空间里的服务问题。这一问题是返乡者不适程度最高，反应最激烈的一项。无论是飞机上的机务人员服务，餐馆里的服务员，还是医院里的医生和护士。整体给返乡者的感觉是冷漠、疏远和焦躁。原本在韩国处处体现人文关怀的公共空间，回到国内却成了人与人之间的"角斗场"。

(四) 食宿条件

《礼记》中孔子曰:"饮食男女,人之大欲存焉。"《孟子·告子上》中曰:"食、色、性也。"中国文化中都认为人的最基本的需要一个是生活问题,即民生问题;一个是性的问题,即康乐问题。马斯洛需求层次理论(Maslow's hierarchy of needs)中,人的基本需求,即首要需求是生理需求(Physiological needs),包括水、空气和食物这些生存需求,也包括像衣服和住房这样的安全需求。[①] 只有满足了这一层面的需求,才能为人追求其他层次的需求奠定坚实稳定持久的基础。因此,食宿条件是影响返乡者回国后社会适应的重要因素。

> 我不打算定居韩国。韩国饮食方面是最主要的问题,而且公司的伙食也不怎么好,公司的住宿环境也不怎么好,反正是样样不好。就是韩国人吃的饮食,主要拌菜、凉菜比较多。像我是朝鲜族,我就不习惯他们的饮食,不喜欢吃他们的凉菜,拌的时候他们喜欢放那种芝麻油,用芝麻油拌凉菜不是那个味儿。他们做汤的时候喜欢放胡椒粉。人(中国人)不是拌凉菜的时候都放香菜吗?能放香菜的地方他们(韩国人)都用韭菜来代替。像桔梗、牛蹄筋、辣明太鱼还有其他一些拌菜,延边有的,这边根本没有,或者说有,也不给我们吃。
>
> (韩国)住的地方吗,是一个集装箱改成的小房间,就是类似于集装箱的那种,一个房间大概住两三个人,比较大一点儿的房间住三个人,没有厨房,只有卫生间和住的床。可能有个坐的地方,早晨、中午(和)晚上都是去公司的食堂吃饭。
>
> 这里肯定和国内比差远了。(FX05)
>
> 在韩国大部分(赴韩务工者)住的都是猫耳洞。他们那边出租的房子都很小。大部分都很小。一般外国人租的地方都是比较

---

① Maslow, A. H., "A Theory of Human Motivation", *Psychological Review*, 1943 (4), pp. 70 – 96.

小的，房租稍微便宜一些。大部分租那样的地方。我这小屋也就4平方米左右。我住的是盖的单层的房子。有点像咱们那边的平房卫生间什么的，还有厨房都是公用的。厨房在另外一小块地方，就这个不方便，其他的还算是可以。（FX23）

（韩国）住的环境不行，住的都是半地下，包括我现在住的都是半地下，一个50—60平方米的小房子隔成3间，能睡3个人，卫生间还不在屋里，还得上外面，2—3家共用一个。冬天自来水都是冻的，你上趟厕所，还得自带个盆（冲水），水龙头都冻了，去趟卫生间费劲，还得穿上大衣。跟老板提了好几年，房子也不给换。一直不给换。咱们中国人来韩国基本都是住这种半地下，还有住全地下的。现在来的年头多，朝鲜族的工资都高，一个月都在300多万，这样就能租那种没有房费的，比如说你把6000—7000万块钱押给房东，人民币在30多万元左右，韩国利息还可以，他们拿这个钱理财，存定期。一般都是2楼或3楼中的一个房子，50—60平方米。条件再好的就买电梯楼了。和国内比差多了。咱们在国内怎么也是住80—90平方米的房子，最起码卫生间是一体的。这边（住宿）环境太差了。（FX05）

通过访谈可见，大多数返乡青年在回国后对国内的饮食习惯和居住条件还是比较满意的。在生活的基本需求满足后，返乡者是可以感受到国内生活的优势所在。无论是饮食文化丰富亲切，还是住宿条件的强烈优势对比，这些都是召唤赴韩务工者返乡的重要条件，也是返乡后中、长期停留，休养和创新的重要动力。

（五）小结

综上，赴韩务工返乡青年在物理空间的认同方面体现出不同的倾向：首先，返乡者对国内，特别是延边地区的经济发展程度并不认同。因为区域发展因素直接决定了返乡者的工作机会和薪资收入问题，在此项上，很多返乡者最终选择了短期返乡或中期间隔性返乡。将韩国作为工作的地方，将中国作为休养的地方。其次，在自然环境方面，返乡人员对空气质量的负面评价是最为显著的，这直接影响返乡青年的返乡决策，有一些人为了下一代或者身体健康因素，而选择短期返乡模式。再次，在公共空间层面，返乡青年对公共空间的硬件设备大多是认同的，但对公共空间中人文关怀的因素不满程度很高，例如公厕手纸问题、公共道德问题、服务问题和公共安全问题等。这些因素都导致许多有望中、长期返乡的青年群体转化为短期返乡者。最后，在食宿问题上，返乡者普遍认同返乡后的食宿条件，食宿问题成为不少具有韩国长期居留权的务工青年返乡的原因，从短期返乡者逐渐转化为中、长期返乡者。

第五章 承诺与冲突：角色认同的矛盾与社会适应

承诺（commitment）是认同理论中的重要概念，表明认同对社会行为的影响方式和影响程度。承诺是指个体对自己所承担角色的内涵的一种界定。角色承诺分为先赋性角色承诺和建构性角色承诺。承诺可以从广度和深度两个方面进行评价。首先，可以通过广泛的社会互动来发掘特定角色的内容广度；其次，可以对角色现有的承诺进行深入的追问和探索，从而实现对社会角色认同的承诺强度。[①]

一 工作认同与返乡社会适应

工作认同也可称为职业认同（vocational identity）、专业认同（professional identity）、职业生涯认同（career identity），是指一个人对自己所从事工作的一种认知和认可情况。[②] 工作认同是青年返乡社会适应中最为核心的研究内容。有学者指出，青年通过获得有意义的工作而建立工作认同，从而实现个体的发展和成熟。[③] 职业认同与

[①] Koen Luyckx, Seth J., Schwartz, Luc Goossens, Wim Beyers and Lies Missotten, "Processes of Personal Identity Formation and Evaluation", *Handbook of Identity Theory and Research*, Springer, 2011, pp. 80 – 81.

[②] Vladimir B. Skorikovand Fred W. Vondracek, "Occupational Identity", S. J. Schwartz et al. (eds.), *Handbook of Identity Theory and Research*, 2011, p. 693.

[③] Unruh, A. M., "Reflections on：'So...what do you do？' Occupation and the Construction of Identity", *Canadian Journal of Occupational Therapy*, 2004（71）, pp. 290 – 295.

社会融入和适应水平之间具有显著的正向关系。① 本研究的主体是赴韩务工青年，工作是研究主体跨境流动的主要动因和意义所在。因此，在返乡社会适应过程中，研究对象对返乡后所从事工作的认同是决定其适应效果的重要因素。工作认同通常被划定为所有认同中最主要的组成部分。② 工作认同是认同研究中最为核心和具有整合性的部分，它不仅是个体职业选择和职业素养的决定性因素，也是个体生命结构和意义产生的重要影响因素。③

工作认同包含四个层面的内容：第一层面是指个人对自我工作兴趣、工作能力、工作收益和工作价值观的认知。④ 个体在工作认同中起着重要的决定性作用。第二层面是指一种个人对各社会阶层中理想工作角色的内在驱动和能力匹配的复杂的意义结构。⑤ 社会经济结构及其建构过程决定了工作认同。⑥第三层面是指工作的连贯性和变化决定工作认同程度。第四层面是指个人对与工作相关的社会网络和人际关系的建构和变化的认知。

（一）工作与薪资

返乡工作的赴韩务工青年通常是中、长期返乡型，其对自身的工作角色设定中很重要的一项就是薪资问题。因此，考察和分析返乡青年在回国后的工作与薪资认同问题，有助于了解返乡者的社会适应存在的窘境和解决之道，同时也可以厘清返乡者在不同类型中转换的原因、过程和效果。

---

① 罗明忠：《农民工的职业认同对其城市融入影响的实证分析》，《中国农村观察》2013 年第 5 期。

② Kroger, J., *Identity Development: Adolescence Through Adulthood* (2nd ed.), Thousand Oaks, CA: Sage, 2007.

③ Erikson, E. H., *Identity: Youth and Crisis*, New York: Norton, 1968.

④ Kielhofner, G., *Model of Human Occupation: Theory and Application* (4th ed.), Baltimore: Lippincott Williams & Wilkins, 2007.

⑤ Meijers, F., "The Development of a Career Identity", *International Journal for the Advancement of Counselling*, 1998 (20), pp. 191 – 207.

⑥ Brown, A., Kirpal, S. & Rauner, F. (Eds.), *Identities at Work*. Dordrecht: Springer, 2007.

第五章　承诺与冲突：角色认同的矛盾与社会适应　107

　　我是2002年（出国前）做个体的，龙井那时做生意还行。我当初开了三个店，两个店是音像制品，卖磁带、CD、VCD，等等。还有一个是发廊。刚开始时的确是不错。后来逐渐到2007年、2006年左右，很多人开始选择到国外，韩国开始实行访问就业制度，对朝鲜族人口实行一种大的就业市场的开放。我们龙井人60%—70%都是朝鲜族，当地人口一下少了很多，我们这种干个体的连客人都没有了，后来没办法了。（FX05）

　　（出国前）鹿厂后来换了厂长以后，那厂子败的不像样了。对我来说，在那里没有太大的前途，厂子已经黄了，只能四处出去打工，一个人出去打工，也剩不了几个钱。我父母也在那（鹿场），我出去的时候，也没人照顾，我家里的条件也不好。我就想，反正也是离开家，照顾不了父母，还不如去韩国呢，挣钱多，我们朝鲜族签证也好拿（FX20）

　　通过访谈发现，很多赴韩务工者最初出国务工都是因为国内经济不景气，所在行业没落或者所在工厂倒闭，在国内又找不到赚钱或稳定的工作，所以才背井离乡，走上出国劳务之路。而这种劳动力的跨国流动大潮同时也反作用于当地的经济发展，使当地的商业更加畸形，更加凋敝。在选择出国赚钱这条路上，赴韩务工青年就已经很清楚自己需要放弃的是国内的安逸、熟悉的环境以及亲人们同守家园的天伦之乐。

　　那么，在韩国积累一定资金的赴韩务工青年，对于返乡后的职业发展有何想法，对工资收入有什么期待呢？他们在返乡时又做好了放弃什么的准备呢？

　　首先，中、短期返乡者在返乡工作问题上是非常矛盾的，他们非常想长期返乡，但是国内的工作机会和收入却不能支撑他们对工作最低薪资的要求。

　　　　有打算（以后都回国发展定居）。这个问题我一直在想。我在韩国待这么多年，我到今年夏天的时候就已经第七年了。这个问题我一直在想。因为在韩国失去的太多，得到的也就是挣点钱。得到点死工资，靠从嘴里省出来，攒这点钱。

我现在在韩国也挺矛盾的，我在韩国做厨师，一个月是280多万韩元（约为17000元人民币）的收入。前两天给同学打电话，聊一聊当地能做什么。找个工作也行。现在在社区上班，一个月才1200—1300元，根本生活不了。现在保安都2000元啦。像一些药厂也在招人，一个月2500—2600元，还给交保险。当地工作一个是不好找，一个是工资比较低，个体呢也做不了。有很多人去延吉上班，但是两地通勤呢，也是挺辛苦，中午不管饭，还得出去买饭。我的房子是在龙井买的，家就在这，你说我能怎么办？一个是也没有家庭（在韩期间离异）；另一个是回延边也没有什么可做的。所以（回去了）就（只能）在延边混。

在国内工作的机会不是特别多，回报的太少，你说一个挣工资（打工）的，付出和回报差的很大，付出的太多了，回报的少。两千块钱就算多了。也累的够呛，但是机会还是少。对，现在失业的人太多了。（FX14）

其次，对于返乡青年而言，返乡意味着损失收入，增加工作生活舒适度和安逸程度。因此不少中、长期返乡者是打算接受收入低，但工作环境较好且不太累的国内工作的。结果是，国内特别是延边地区，在工作场所的公共空间，其软硬件都要逊于韩国，因此，工作的方便程度和环境也是返乡者另一个不太适应的地方。

有长期回国的打算，但是我一直都没想好干什么，我天天都在想，我回家能干什么，确实挺迷茫的。如果说我回家打工的话，我肯定不回家，肯定还得回韩国来，因为韩国的条件跟国内是没法比的，住的地方24小时有热水，空调，什么都有，干干净净的。国内哪有，还热水，少臭美了，啥都没有。

洗衣机，人家工厂走到哪儿都有，生活用品，比如像什么洗发精、洗衣粉都不用自己买，工厂里都有，哪儿都有，你自己买的地方很少。这里的环境这么好，你再回家干什么？

每个来这儿打工待过的人，再回家让他去打工，没一个打工的。再说来这儿还容易，已经拿到签证（F4签证），来到这儿也简单，说白了，也不远，机票也没多少钱，就适应这边的环境了，再一个就是你走到韩国任何一个地方，城市干净，人文明。可以说，就是在韩国上卫生间都不用拿手纸。都有！（FX30）

应该说，具有自由往返签证的返乡者在长期回国打工的问题上大多持否定和迟疑的态度，主要原因在于中韩薪资水平和工作环境的巨大差距。当然，也有人对韩国高薪的事实表示质疑，且愿意安心回国发展。

我16岁就开始去韩国工作。这样劳心劳力地工作，一个月最多不到200万元。其实它的高薪就是在于有加班的机会，就是自己等于又多干了一个月加起来的钱而已。

不是说韩国有多高薪。一万多一点。虽然是一万多，好像是比国内高了不少，但是每一天都要加班。然后周六周日的时候都加班，因为基本工资也就一百零几万，剩下的七八十万都是加班加出来的。

回国之后，我在上海的时候，已经是工资6000元了。我是做的收银，所以6000块钱已经很高了。我觉得有手有脚，还是在自己国家打工舒服。（FX21）

在韩务工的高薪是打工者用双倍甚至多倍的努力拼命工作换来的。因此，在积累到一定财富值后，赴韩务工青年都会想要回国发展。但是，横亘在其返乡之路的第一个障碍就是收入的巨大落差，且没有加班赚取高薪的机会。因此，如果单从薪资的角度讲，返乡似乎并没有那么吸引人。换言之，返乡者即便返乡工作一段时间，由于工资低，攒不下积蓄，再次出国的念头也会时时萦绕，最终再次离乡踏上他国的打工之旅。长期返乡者也会因为薪资的问题而变成中、短期返乡者。

（二）工作与社会流动

在问卷调查和访谈中，有至少80%左右的返乡者都有创业的意愿。像赴韩务工青年这样有精力、有一定资金且不甘于再次在国内低薪打工的返乡者，大多都会期待返乡后职业的进一步提升以及职业阶层的提高。整合赴韩务工资本返乡发展的创新型返乡，就成了返乡青年向上层社会流动的阶梯。

> 第一次回来的时候，就不想走了（不想再回韩国打工了）。想自己开一个爆米花加工厂，后来钱花光了，做买卖也不挣钱，做生意我看不行了，还是走了（去韩国）。（FX17）
>
> 那个时候我想过开洗车店，但是自己手里没钱，所以就去韩国赚钱。去年我回去一看的时候，（洗车店）太多了。对，去年的时候，中国的养鸡挺赚钱的。过几年我想也不一定。（FX24）

仅利用赴韩打工积攒下来的资金投入返乡创业的青年，其创业方向往往是自身不熟悉的领域，创业信息渠道也不顺畅，且因离乡时间长和行业不相关的原因，原有的社会资源已断裂或不可使用，新的社会资本和文化资本不易积累。由于社会网络的断裂和长期不在国内，返乡创业者在创业时的国内信息不对称问题突显。因此，创业很容易走向举步维艰甚至失败的地步。最终，辛苦在韩国打工攒下的钱所剩无几，只能再次出国务工，寻找机会另求发展。因此不少赴韩返乡青年从长期返乡型转化为中期返乡型，创新返乡型变为休养返乡型，最终不得不再次离开家乡，远赴韩国再次从事"3D"工作。

> 一开始的时候，前半年基本上没有去尝试这方面的（中韩贸易）工作，因为基本上都是有语言要求的，所以说在差不多六个月之后我才开始从事这些工作。一开始的话是在一间餐饮店慢慢

地做起。

我先是在语言学院，也就是叫梨花女子大学的国际留学生院，先在那里读了差不多不到半年的语言，然后我就申请了研究生的学位，读了西江大学的研究生，就是这样子。

后来，语言基本上 OK 的话，去了一家中文培训机构做中文教师，也就是培训老师，随后慢慢尝试着给一些工厂，比如说像一些（韩国）布料厂、丝绸厂去联系我们中国浙江这边的一些供应商。

我认为回国的话，首先，肯定想一下回国之后自己计划要做什么，要把自己的计划、职业规划、职场规划做好，回国之后能做什么，我自己的优势是什么，我应该去做什么，那么这是其一。其次的话就是自己的家庭组建也要提上日程，应该具备什么样的条件，这些都要去详细地做一些分析，然后就按照自己的分析来，按照这条路走。

是的，在我回来之前，已经收到了 offer，已经联系好能够承接我的工作单位，回来之后我是直接落地，然后直接奔赴工作地开始工作。我现在主要从事的是管理工作，主要负责国际学校的招生，同时对外上输出中国留学生这么一份工作。（FX09）

在访谈中可以看出，回乡就业或创业成功的返乡青年具备以下特质：首先，在国内时就明确设定好出国和返乡计划，对职业发展做好规划；其次，就是在韩国通过打工，准备了一定的经济资本；再次，在打工的同时，研修一种职业技能；最后返乡继续从事相关职业技术的工作。最终实现职业的向上流动和在国内较高且稳定的薪资。还有，就是在打工的同时，进入学院研修语言或申请研究生及以上学历，学成回国后，在外企或学校从事管理或教学的工作，实现职业的向上流动，从而以创新型的返乡者状态长期在国内定居和发展。

（三）职业生涯的接续与断裂

职业的接续性，是决定返乡者的职业发展高度和职业安全感的主要因素。对于很多返乡者来说，回乡，就意味着一段职业生命的结束和一个新职业生命的开始，在这个过程中，"顺产"和"难产"是摆在每一个返乡者面前的机遇和挑战。因此，返乡后，职业是接续还是断裂？这是一个必须面对的问题。

> 因为老板歧视，我那个小伙伴（厨师工友）干了三年，死活都不干了。因为他本身就是从18岁开始干，在厨房，本身人家就是一个正经的厨师，后期咱中国国内的厨师工资有所调整。2010年他来的时候，厨师工资在1800元左右，不到2000块钱。后来等他回国了之后，工资就是4500—5000元，他现在在延吉，工资有6000元，在一个韩食馆炒菜。这个工资在延边还是比较高的。所以说他就选择回国了，现在结婚了，生了一个孩子，有了自己的家庭，人家过得挺幸福。他现在的工资不错，在当地。我为啥没和他一块回国，因为在国内的时候，我不是做厨师行业，我炒不了菜。我现在虽然在韩国做这个中华料理店，但是做的菜比较简单，都是给韩国人吃，所以也能做。但回国以后，咱中国人不吃这东西，延边人也不吃，所以我也回不去，这个行业我也干不了，所以我就一直在这儿干，主要考虑收入问题。（FX05）

> 韩国这边儿的汽车行业，都是一个一个小工厂，最后有些小零件，送到总厂组装车间，由总厂组装。一个汽车厂，配件、零件不是都在一个厂里做。而是分散给下面的小企业，总厂负责组装，下线。我第一次干的是汽车底盘，之后做的是汽车油箱，汽车座的架子，还有汽车天窗的玻璃，现在做的是钣金。没什么技术含量，就是卖大力的人。活多的话，（月薪）300多万（韩元，约1万8千元人民币）差不多。回到延边哪有这样的厂子呀，要是不能在延边干，还得去别的大城市，那还不如来韩国呢，挣钱

多，工作好找，已经熟悉了。(FX20)

回国后工作机会比较少。因为能力的问题，太着急了。在什么网站上，想急于求成，都会被骗。对，现在很多网站，什么网都有，在上面有求职工作的，一不小心就上当了，先交钱，然后是给完钱兜了一大圈也不面试的那种。对。不是正规的网站或者正规的介绍职业的那种。那如果是（以前国内）同事介绍的话，也只能是从餐饮、娱乐的角度去帮你继续介绍这类的工作。(FX21)

从上述访谈中可以看出，赴韩务工青年在返乡后其先前在韩国的职业技能和经历几乎是不能延续的。首先，工作机会很少，没有学历和技能的返乡者只能从事餐饮、娱乐行业。其次，有相当职业技能的赴韩务工返乡者不能在延边找到对口工作，因为延边的经济发展与韩国并没有形成合作式的国际产业布局，第二产业企业很少，还处于以第一产业和第三产业为主的产业结构不平衡发展阶段。而返乡青年中有至少一半的人是在韩国第二产业（制造业、建筑业）的企业中工作多年，且经验丰富。技术型、经验型青年人才不能回乡反哺，反而再次外流，造成人力资源的浪费。再次，网络及市场化的职业介绍所存在大量虚假信息和欺诈行为，收钱后却不安排面试和工作机会。最后，缺乏专门机构管理和辅助返乡者找到对口工作或进行职业培训和就业援助。返乡者只能求助于原社会网络中的亲友或同事，但因信息的局限性，只能从事一些与先前工作内容无关的工作，且收入过低。

职业生涯的断裂影响返乡者自身的职业发展，同时浪费了人力资本。很多返乡者在国内坚持工作一段时间后，实在接受不了这种低收入、没希望、没发展且没有稳定感的工作，因此再次离乡赴韩或奔赴其他国家。在他们看来，如果国内职业不能接续，没有发展且收入低，不如再次出国。最起码出国务工还能有高薪作为经济保障。

（四）工作中的人际关系紧张

1. 工作中的同事关系

工作中的同事关系直接影响工作效率和工作幸福感。因此，返乡青年在回国后从事的工作中，同事关系是考量其在工作中是否有效率且幸福感的重要指标。

> 回国在工厂上班吧，有一点我不喜欢，就是同事关系太复杂，有什么不懂的去问他，他都不告诉你，那些同事就在那儿装，这样的。领导也装，同事也装，非得请抽盒烟，一起吃过饭，才和你说该咋整咋整。
>
> 而在韩国，在工厂上班的话，刚开始去不懂的，你问，百问不厌，真是百问不厌，给你教透亮了，教你教得可真了，很少数的人对你烦，你问他几遍他就烦，有很少数那样的人，绝大部分都是百问不厌，一直教你，教得你可仔细了。后来也想明白了，流水线吗，他要不给你教透亮了，一起干活受累的是他，你做不了他就得做。所以他这个思想，真好，刚开始去的时候，他这样教你，你是不是也有感激心，每个人都有，这个人怎么对我这么好。但是结果你真正想明白以后，啊，原来是这样，如果我要是做不好的话，受累的就是他。
>
> 你要是一旦走流水线就得像这种模式这样走，如果单独没事，你干你的，我干我的，谁也不耽误谁，我也不管你们的事儿。走流水线不行，你这工种做不上，下一个工种没法进行。

（FX16）

从访谈中可以看出，从韩国返乡的青年工人对工作中的同事关系问题不太适应。本研究认为，表面上是两国人际关系文化上的差异，实际上是产业发展的不完善造成了人际关系的对立，而不是整合在一个有机体上。以返乡者在韩工作为例，如果生产企业把生产流程设计为成熟的流水线，每个人都是机器上的有机组成部分且相互依托，人与人的工作关系不是对立和竞争,而是协作和依赖关系,那么,工作中同事之间的关系自然就清明简单,相互支持;如果产业不完善,每个人的工作有可能存在重复和竞争的局面,那么工作中同事关系自然会变得复杂和残酷,且透明度不高。因此,由于国内在产业发展方面的不完善导致人际关系的复杂,使得返乡青年难以适应,较难融入国内工作文化之中。

2. 上下级关系

上下级关系在工作中也扮演着重要的角色,良好的上下级关系会给员工带来成就感、平等感和职业稳定感。欧洲学者霍夫斯泰德(Geert Hofstede)对文化维度进行了划分,其中权力距离(power distance)维度就包含了对上级和下级关系的测量问题。权力距离是描述个体对社会组织中不平等的容忍程度。在组织文化中,权力距离是指一个国家组织机构中低权力成员对不平等情况的容忍程度。[1]如图5.1所示,中国的权力距离得分为80分,韩国得分为60分。中韩都属于高权力距离国家。与韩国相比,中国是高权力距离国家,低权力成员在组织中对不平等待遇的容忍程度要高于韩国组织内部成员。

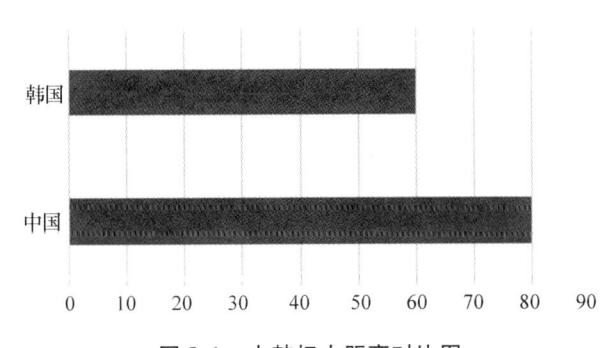

图 5.1 中韩权力距离对比图

资料来源:https://www.geert-hofstede.com/china.html.

---

[1] Geert Hofstede, *Culture's Consequences: Comparing Values, Behaviors, Institutions, and Organizations Across Nations*, Second Edition, Thousand Oaks CA: Sage Publications, 2001.

回国和在韩国差不多，其实因为我们只是对着机器干活，对着产品而已，跟领导没有什么沟通，你干得不好的话，他可能会来指导一下你，没有什么沟通。（FX21）

因国家组织文化相近，中国员工大多能够和老板友好相处，且尊敬上级。在返乡后，对上下级关系问题也相对适应。

（五）小结

综上，返乡者在对自身工作角色的承诺和现实工作境况的突显决定着返乡动机、返乡时间及返乡效果。通过上述分析可见，大多数返乡者选择短期返乡的原因主要是对返乡后的工资水平不满，进而返乡者在国内的工作不能使其实现社会阶层的向上流动。同时因为地区经济发展不均衡、就业信息不对称、虚假就业信息和社会网络断裂等原因，返乡者的职业发展也存在不能接续的问题。在工作关系层面，受到韩国低权力距离和流水线工作模式影响的返乡者对其在中国的工作关系表示不认同，认为国内老板和同事对其工作的帮助方面并没有韩国同事和老板帮助大，且工作中人情关系复杂。总的来说，大多数返乡者对返乡打工和创业并不认同。

二　家庭认同

家庭社会学者指出，社会是因个体需要而存在，家庭也因个体需要而存在。换言之，社会和家庭都是为个体服务的。因此，当人在追求个人发展和幸福的时候，如果个人利益与家庭利益发生冲突，那么个体首先选择的一定是维护个人利益。家庭并不是个体发展的目的，而是成就自我的手段。[1] 因此，考察赴韩务工返乡青年群体的家庭角色认同，可以看出个体对社会结构及其功能的认知变化和行为回应，从而了解返乡者的国际流动趋势和返乡时间、动机

---

[1] 沈奕斐：《个体化视角下的城市家庭认同变迁和女性》，《学海》2013年第2期。

及社会适应情况。

（一）为人子女

可以说，家庭是个人心灵和身体的最终港湾。而父母就是在这个港湾中最具引领和温暖意味的灯塔。赴韩务工者无论走多远、多久都会心系父母，惦记家和双亲的安好。因此，了解赴韩返乡青年的返乡社会适应问题，从返乡者与父母的关系以及对自身作为子女的角色承诺和凸显可以推论返乡者的社会适应程度。

> 我家庭的状况不算好。因为我妹妹上学，那个时候正好准备高考，我爸身体也不好，来韩国没有太大的能力。只能做一些特别劳力的工作。干一天休两天的那种。在国内的话，什么也不能做。家要靠我来养，因为要供我妹妹上学。其实我不是因为调皮捣蛋不读书的，我上学的时候成绩也很好。
> 也没有什么事情发生，就是我一个人在上海待了6年，父母觉得不放心，那时候他们都在韩国，想着让我到他们身边能够更好，也劝过很长时间，然后我才决定过去的。我本身不太喜欢在韩国，还是自己的国家好，不想为了劳务去别的国家，我有手有脚还是能生活的，就没有太大必要到国外去，但是父母都在那边，不放心我一个人在国内，所以就被劝去韩国了。冲突肯定是有的，因为我在国内是一个人独立惯了，旁边突然有人天天絮叨的话，我精神很敏感，很烦，经常跟我妈吵架。
> 对，我根本就是不习惯，我一个人的事不管好坏，我从来都是一个人处理。我是体会不到他们的心情，我就是觉得很烦。有的时候经常会伤到我妈。过后也挺后悔的。（FX21）

从上述访谈内容可以看出，受访者赴韩务工是为了承担家庭责任。受访者虽然非常年轻，但她要代替父亲和母亲对自己的妹妹履行多种角色的责任，在她身上承载了父亲的角色和母亲的角色。当她身兼数角之后，就难免要承担比普通个体更多的压力，在重压下，受访者只能疲于应对来自这些责任所带来的工作重担,而无暇再兼顾作为女儿和姐姐应该享受和付出的关爱和精神支持。

> 我父母不用我操心。我父亲是供电系统的,我母亲是小学教师。他们的退休工资将近8000元,他们的生活条件,比我当初自己在龙井时生活得好,没事还偷摸给我钱。(FX05)
>
> 回国后,我就觉得给爸妈把家电都换新的,他们心里会开心一些,不是说喜新厌旧,我觉得老人家里给他添这些东西,他们心情会不一样。他们很开心,但我有的时候不太喜欢的一点就是他们特别爱显摆。(FX18)

受访者对父母的主要关注和担心是没有金钱和物质的享受。然而,作为儿女,父母有钱就不用"操心"了吗?有了全新家电就能享受天伦之乐了吗?部分返乡青年在对儿女角色的承诺时,过于简单地以物质和金钱作为重要考量标准。因此,这种儿女角色凸显的过分物质化导致了两种问题:一是儿女为了表达孝顺之情,把在外辛苦打拼挣来的钱都用来购买非生活必需品或奢侈物品给父母或亲人,最后使得自己的返乡生活不能长期维持这种高消费的稳定状态,不少返乡青年再次离乡,踏上赴韩务工之路,成为了中、短期返乡者;二是父母不能真正从这种以过度物质消费的孝顺方式中体验亲情之乐。有些返乡青年认为当父母有钱或者自己可以赚到足够多的钱赠予父母时,他们就不再担心。根据对返乡青年的父母的访谈发现,大多数父母其实更希望儿女能够在身边多交流,常陪伴。

(二) 夫妻关系

1. 婚姻家庭的离散

近年来,延边地区的离婚率逐年增高。根据吉林省民政局统计显示,2012—2014年吉林省离婚率(年度离婚人数与总人口之比)分别为7.14%、8.1%和8.2%,属于较高状态。根据国家民政部2016

年统计信息显示：全国各省市离婚率排名中，吉林省排名第三位。①而延边州的离婚率在吉林省内排名也是非常高的。根据有关学者在2010年的调查，发现延边离婚案件与其他地区相比呈现不同的特点：首先，延边地区离婚案件中，女方提出离婚的多于男方，其比例为70.14%（女方提出离婚比例）和29.86%（男方提出离婚比例）；其次，朝鲜族离婚率高于汉族和其他民族。朝鲜族离婚率为69.78%，汉族与其他民族合计离婚率为32.22%；再次，在教育程度上，具有初中、高中文凭的离婚人数最多，分别占总离婚人数的35.38%和39.49%；最后，在年龄特点上，30—39岁的人提出离婚的最多，占总离婚人数近一半，为44.6%。② 可以看出延边地区的婚姻家庭关系极不稳定，延边地区的高离婚率很大程度上与赴韩务工有关。婚姻是社会结构中最基本的单位，婚姻的破裂意味着社会最基本单位的瓦解。因此，这种高离婚率得到了国家、社会和学者的广泛关注。那么，赴韩务工到底如何影响青年群体的婚姻呢？这种影响在赴韩务工结束返乡后还会继续产生影响吗？这种婚姻关系的变化会对返乡者的社会适应产生怎样的后续影响呢？

> 他们（岳父母）一开始就不赞同我来。因为他们家就那一个姑娘，就跟我说，我在国内的时候就跟我说，那个时候我月工资3000元，然后再加别的乱七八糟的，我一个月怎么也能对付个4000块钱吧。他们家条件也不是太好，也不是太次，还说得过去吧，就不喜欢我来韩国。那我也是想，年轻人，出去多奋斗奋斗，然后让家人过得更好。（对婚姻）太有影响了。因为本身我俩属于闪婚，没有什么感情基础，从结婚到我来韩国，两个人在一起可能一年不到吧，我就来韩国了。然后感情慢慢就越来越淡了，互相不信任，没有办法，就离婚吧，这样。

---

① http://roll.sohu.com/20160123/n435597083.shtml.
② 姜海顺：《浅谈延边地区离婚案件的新特点》，《延边大学学报》（社会科学版）2000年第3期。

那个时候我是一般一个星期打三次电话，是这样吧。她也是说，回来吧，回来吧，也说过这样的话。我就想，再忍一忍吧，趁着孩子小，自己有这么好的条件，然后多挣点，回去好让家人更轻松点儿，结果就不是那样，第一年还可以，越往后越不好，通话，说的话也越来越少了，然后，就从通话就能感觉到对方好像不耐烦了，就不愿意听我说话了。那感情就越来越不信任了，没办法，就是两个人在一起也没办法生活了，真是到那种程度了。（FX13）

当初我的爱人是朝鲜族，她家人包括她本人当时都来韩国了。因为当时韩国的政策，朝鲜族来韩国挺容易办理的。完了也没有别的什么方式可走。汉族当时就是两种，一种是留学，一种就是到特定场所就业，就是厨师。留学我已经超龄了，所以只能选厨师。办这个手续也是等了一年多。我是2009年办的，2010年来的。探亲签证可以，当时我大姨子和韩国人结婚了，她可以发邀请函，韩国对汉族的邀请函给的是C3签证，C3就是3个月，3个月往返。我如果是朝鲜族的话就可以3年签证。所以当时因为民族的问题，只能给C3签证，我当时想，3个月往返没有多大意义，而且根本不让打工，属于非法的。所以我就没有要这个邀请函，办的这个特定场所就业的E7签证，就是厨师签证。一年一签，包括现在也是，我们一年延长一次。我是2010年6月份来的韩国，当时的总统是李明博，李明博政府当时给的政策就是3年，可以延长3年，每年延签一次，3年之后，这种签证本人就必须得回国了。后来到了第3年的时候，朴槿惠上台当总统，后来她把这种制度更改了，只要饭店的法人、饭店的老板继续还用你这个人，就可以一直延长这个合同，一年签一次，每年都可以延长，所以我就一直延长到现在。

我当初和我前妻离婚，就是因为她这个民族。最初我来这不是只能签3年吗，以后什么样都不知道。对于我丈母娘，我前妻家来说，我就是一种拖累。……所以说，我前妻就把我放弃了。（声音变小）而且当时工资也挺低，那时我工资才130万，在韩国来讲工资最低。感觉和我在一块看不到啥前景,那时候朝鲜族人随随便便都是二百三四(万)。比我多100万,100万啥概念,那就是人民币比你多5000—6000块一个月。一年下来差多少钱啊。所以说,我来了之后就离婚了。当时(政策)不是延长不了嘛,到期必须马上回国。结果快到第三年的时候,也能延期了,婚我也离完了。从认识到结婚一共是7年,2007年领的结婚证。2010年来的韩国,2014年在这边离的婚。(苦笑)(FX05)

感觉韩国的女性和咱们国内的女人不一样,就是想分手就分手,包括去了韩国的(中国)女人也不行,就是说分手就分手,然后也不管孩子。

现在人我看都那样,太多了,这个婚姻是彻底变了,不像以前,嫁鸡随鸡,嫁狗随狗,不可能了。现在随便,自己喜欢过就过,不喜欢过就散。

韩国这边不行,还是回国再找吧,回国还行,延边的人可能比较保守,还比较顾家,回国找。等到回国再说。(FX16)

离婚了以后,又结婚后,还是像第一个媳妇儿一样,不在一起就不行,不在一起就跟陌生人一样,回国再说,回国再找吧。回家找也赶趟。(FX04)

韩国对中国朝鲜族的签证政策本来就是有一定历史渊源,这一渊源也造就了今天延边的赴韩务工大潮。据相关调查显示,仅就延边州一个屯的外出务工人员流动情况显示:2000—2005年,金塘屯共76名女性外出打工,约占该屯总流动人口数的64%。其中出国务工的女性为31人。外流男性多已回流,而外流女性务工人员,特别是未婚女性一个都没有回来。即便是已婚已育的女性也只是回乡作短暂停留。①

然而,这种差别的民族入境和务工政策,却无形中造成了延边地区的空心化、家庭的离散化和男女比例的失调。很多延边女性特别是

---

① 汤秀丽:《对朝鲜族农村女性外流状况的人类学研究》,《华北水利水电学院学报》2009年第1期。

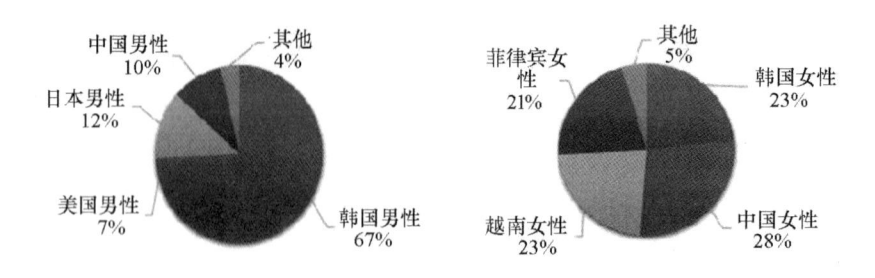

图 5.2　2015 年韩国男女结婚的各国配偶占比

资料来源：韩国统计网（http：//kostat. go. kr/portal/eng/pressReleases/1/index. board? bmode = read&aSeq = 358846）。

朝鲜族女性，都因赴韩务工最终不愿再回到延边，最终只能以离婚收场。很多延边女性都嫁到劳务输入国，以韩国为例，2015 年公布的有关外国移民的统计数据显示，在嫁给韩国本地人的女性中，中国女性占比最高，为 27.9%；韩国本土女性次之，为 23.3%。而韩国本地女性在嫁人方面，却大多选择韩国本地男性，占 66.9%；愿意嫁给中国男性的仅为 9.7%（见图 5.2）。可见，在赴韩务工青年的家庭组建的性别优势方面，女性更具优势，她们既可以选择韩国男性，也可以选择中国男性；而男性的可选择范围就相对狭窄了不少，愿意嫁给中国青年的韩国女性比例本就很少，那么愿意嫁给赴韩劳务的男青年的韩国女性就更少了。

为什么赴韩务工群体中女性返乡者较少？为什么赴韩务工群体中诸多离婚案例中女性提出离婚的占 75% 以上呢？本研究认为，以下几个原因是可以参考的。

第一，赴韩务工使得女性收入快速提高。在经济相对落后的延边，女性想要实现经济独立，支撑整个家庭的开支是很困难的。然而，经济独立以后，女性解决了最基本的生存需要以后，就会考虑情感和认同甚至超越自我的需求。然而，由于长年两地分居，相处模式简单等原因，女性的这种更高层次的需要往往得不到满足。

第二，女性的个体化和女性主义的觉醒。众所周知，延边朝鲜族女性吃苦耐劳，温柔顺从。这与中国的儒家文化和朝鲜族对女性的传统认知和要求息息相关。在 20 世纪 80 年代的延边朝鲜族家庭里，女性和男性都要下地劳动，女性负责插秧而男性仅负责拉着牛犁地，女性要负责全部家务，负责一日三餐。从地里回到家中，女性一般是直奔灶台，准备餐食，而男性多是盘腿坐在炕上等着饭做好端上来，盛好，并把其他餐具都摆好，直接用餐。如果家中有老人和其他长辈，在重要的节日，朝鲜族女性还需要把一应餐食准备好，不能上桌就餐，只能和孩子们在小桌上或者灶台简单吃一口，随时准备起身给主桌上的男人和长辈们加菜加饭加水。在这种大男子主义极强的文化中，男人经常在外喝酒、赌博甚至回家打老婆被认为是很正常的事。一位男性受访者这样说：

> 离婚了。去韩国之前有老婆。分开时间长了不行，女的长了不行。在的时候天天一起喝酒；不在一起的时候，关心少。机票贵，每个月不可能回去两三次。男的出来，心里想老婆。虽然时间长了（还是）想老婆，出去找小姐（妓女），但是心里还是想老婆。但女的要不在一起就不行了，就真的变心了。（FX01）

沃尔夫指出，在男性看来中国家庭的定义是一条"家系脉络"（a line of descent），包含这个男性家户的所有成员并通过他的后代扩展开去。另外，女性对中国家庭定义并非如此，家庭是一个当下的，因其需要而结成的团体，并不强调家庭联系过去和未来的功能。① 随着中国的改革开放和朝鲜族女性赴韩务工接触了更多韩国文化和西方文化之后，女性对自身妻子的角色承诺开始改变了。妻子不应是逆来顺受，为丈夫的以挣钱为借口的不忠买单，无下限负荷家庭的各种责任。赴韩务工潮加速了女性个体化发展的速度，女性日益从传统的社会束缚中解脱出

---

① Wolf Margery, *Women and the Family in Rural Tai-wan*, Stanford University Press, 1972, p. 37.

来，从原有的社会角色框架中脱嵌（disembedment）出来。① 这一现代性的转变体现在赴韩务工者的婚姻中，就是传统家庭的离婚率不断上升，且女性提出离婚的占大多数。

第三，韩国差别性签证政策使跨民族婚姻遭受空前挑战。如上文访谈中所显示的那样，韩国的民族差别入境和务工政策，使得赴韩务工青年群体中朝鲜族与其他民族结合的婚姻遭到了空前的考验，特别是以朝鲜族女性和其他民族男性结合的家庭结构方式。由于韩国在引进中国劳工初期对民族、工作岗位和工作场所的限制，中国朝鲜族女性在韩国的收入会高于其汉族丈夫一倍以上。这在婚姻的经济角色承诺与凸显上正好相反、背离。汉族男性在韩国遭遇的文化冲突、歧视和经济困境，让从大男子主义文化中走出来的汉族男性产生前所未有的沮丧感和挫败感。以往在出现这些不良感觉的时候，还有妻子可以依赖甚至发泄。可是这种无理的发泄越来越得不到朝鲜族女性配偶的认同。这种本已融合的跨民族婚姻，在赴韩务工的过程中分崩离析。

第四，男性对婚姻中丈夫角色的承诺过度单一，且不知也不愿改变。很多在韩务工的男性对于婚姻的解体很不理解。他们常说的一句话就是："我这么拼命赚钱不就是为了这个家过得好吗？"诚然，一个家庭的运转离不开经济的基础，但是家庭所经营和追求的绝不仅仅是金钱。"钱"不能突显作为丈夫的全部角色。比如陪伴、关怀、共同志趣话题、心灵沟通和彼此的扶持都是男性作为丈夫这个角色中应该具备的承诺，在行为和生活中给予凸显。如果男性在文化和时代的变迁中还是固守成见不愿意丰富和完善自己的角色承诺，那么，婚姻在经过长期异地分居和收入悬殊等时间、空间和物质的多重考验下很难固若磐石。

第五，中韩文化的差异是造成赴韩务工者对婚姻中性别角色的承

---

① Beck, Ulrich and Elisabeth Beck-Gernsheim, *Individualization Institutionalized Individualism and its Social and Political Consequences*, London and Thousand Oaks, CA: Sage Publi-cations, 2001.

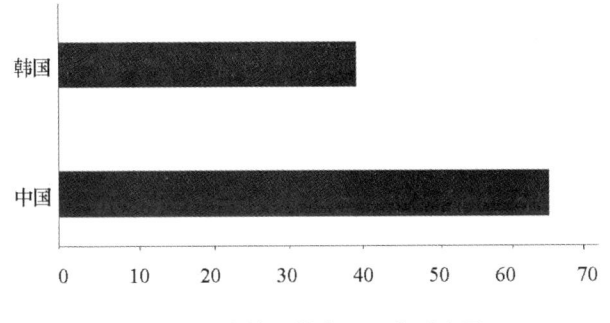

图 5.3　中韩阳性主义文化对比图

资料来源：https：//www.geert-hofstede.com/china.html.

诺变迁的主要原因。阳性主义（Masculinity）和阴性主义（Femininity）维度是文化学家霍夫斯泰德的文化七维度中的一个重要维度，主要考量一个社会发展的动力问题。阳性主义社会强调竞争、成就和成功是推动社会进步的动力；阴性主义文化强调关爱和生活质量，阴性主义文化认为高品质的生活是受人羡慕和成功的标志。如图 5.3 所示，中国在此维度的得分为 66 分，是属于阳性主义文化，整个社会受（事业和金钱积累）成功驱动。许多中国人都是以工作和赚钱为人生头等大事，并会为工作而牺牲家庭和休闲时间。人们背井离乡外出工作，就是为了更好地工作和收入。而韩国作为一个阴性主义文化的国家，强调平等、稳定和幸福。[①] 这一价值观深得赴韩务工的女性的认同。女性的价值观和生活诉求在悄然改变，与中国赴韩务工男性的生活价值观产生分歧，且越来越明显。与其简单地说赴韩务工者婚姻的失败是因男女双方的互不理解，毋宁说这是两种文化价值观的博弈和互不妥协。

（三）亲子关系

有一些赴韩务工青年在出国时孩子才刚刚出生，或者是年龄很小。对于有些返乡者而言，孩子的成长他们是缺场的。那么这种缺场

---

① https：//www.geert-hofstede.com/south-korea.html.

会给亲子关系带来怎么样的影响，会对孩子产生何种影响，对返乡青年的社会适应时间、动机和效果产生怎样的影响呢？

  在中国的时候，我在移动公司工作，跟前夫是一个单位、一个办公室的，因为离婚，我不想见到他，所以我就把工作辞掉了。其实也没什么特长，就是会朝鲜语，不是韩语。最起码朝鲜语跟韩语也差不了多少，所以我就选择去了韩国。我办的是结婚签证，其实也是假结婚。孩子判给他爸爸了。他爸爸不让我看孩子。所以我就不想在这里待了，就想走出去。其实受害者是女人，大家指指点点的。虽然离婚初期，孩子判给他爸爸了。但是他爸后来把孩子扔给我弟弟，就不管了，然后就杳无音信了。我这孩子是男孩，对我来讲，一个离婚的女人，可以依靠的，就是一个钱。所以我就想，尽量能干的时候我就去赚钱，因为韩国那边查出我假结婚，所以和儿子才又在一起真正生活了。我和儿子关系吗……也是不行，青春期孩子不听话。但是孩子吗，过了青春期，他也知道妈妈不容易。而且最主要的是因为我答应让他去日本留学。我其实挺讨厌去日本的，但是为了和儿子不是太过疏远，我这事就顺着他了。简单沟通没问题，但是深入的不行。孩子吧，你看这么大了，他也是有一种想法，一种感觉。（FX02）

  都说韩国好，我也想感受一下。我老公先去的。去完之后他待了一段时间回来了，说怎么也得让我去一次，看一下国外的人是怎么生活的。那环境挺好，挺向往的。但那时候不行（我不能去韩国打工），我家孩子上学，没有人照顾孩子，我去的时候，让我家里人给我带孩子，因为孩子上学，没有人给他做饭不行，照顾我的孩子上学为主；其他是次要的。

  我也打工也玩。有人说，你就去干。我要是一条心去干活，孩子在家随便吧，其实我也可以，但我再笨也不能这样，我不能再这样了，我必须回来照顾我的儿子，我儿子还挺优秀。现在在上学，高二了。挺懂事的，不用我操心。我怎么付出也得坚持这几年，我也得把我的儿子供出来，我得对我儿子负责任。
(FX08)

女儿不听话，那么小（14岁），交了男朋友，哎，去年她妈回去了，就是因为姑娘（女儿）交了男朋友不小心怀孕了，我和她妈都在韩国，也管不了，家里奶奶说话根本不听，（女儿）就知道要钱。唉，所以（我妻子）回去了，处理一下。(FX04)

赴韩务工青年面临着婚姻的挑战和亲子关系的疏离。从访谈中可以看出，因为孩子尚未成年，在韩国不便照顾和完成教育，赴韩务工人员大多将孩子留在家中由老人或其他亲人代为抚养。但是，由于父母不在身边，孩子的身心成长过程不能亲历，所以虽然身为父母，但对子女的了解是不够的，并且由于缺乏与子女的沟通，很多家庭只有在出现危机状况时，赴韩青年才会考虑长期返乡照顾亲人，否则，只是中、短期返乡，很难真正提高亲子关系质量。这其中还有一些家庭，为了孩子和赚钱两不误，牺牲夫妻间的彼此陪伴，由妻子或丈夫一人在家管理和照顾孩子。这无形中又给婚姻带来了距离和挑战。

（四）择偶之困

看看吧，长的话五年，快的话三年。在国内买房子，分期付款那些，付完了挣点钱再回来。我家里以前有点穷，不想让别人跟着我一起受苦，所以就没有找。(FX12)

出国前没恋爱过。不小了已经（28周岁）。（汕笑）出国之后也没什么变化。因为朋友圈子是固定的，所以也没有什么变化。（汉语）老师的群体全是女的。家人在第一年的时候有因为结婚的事让我回来，但以后就没有了。(FX06)

在韩国的时候没有遇到觉得不错的女孩子，人家韩国女孩连看都不会看你一眼的，她们眼光可高了。中国有过一回，但是我得来韩国，后来就不联系了。本来我留在国内的话，应该有点发

展,但是我选择来韩国。自己放弃了。(FX12)

我来韩国之前是单身,在韩国也处过几个女朋友,但都不了了之,到最后没走到一起。现在是通过家里人介绍,我也没想找,家里人看我岁数大,他们也着急,所以就在国内介绍了一个,一直异地,我俩马上要结婚了。(FX13)

基本都没联系了,联系的很少很少,而且人家都拖家带口的,对象别人介绍不成啊,家人就给我找了三个:两个在韩国,一个在国内。最终结果都是失败,不在一起工作,距离太远永远是个问题,与其浪费时间金钱,还不如先踏踏实实地干满三年,回家再说。这个要看实际情况了,利用自己这三年小赚的一点钱回家看看,如果还是没有合适的事情做,也许会带着女朋友一起来。(FX07)

离婚之后,我没再找!没有入我眼的男人。不是说没有追求的,但是我喜欢的,只要我看中的,人家基本上都有主了。要不就是人家看中我,我看不上他。可能是第一次的婚姻伤害太重了,要不我不可能把移动公司的工作都辞了。(FX02)

从上述访谈内容可以看出,中、短期返乡者在寻找合适伴侣的方面障碍重重。第一,时间障碍。因为在国内停留时间不长,很多返乡者的恋爱计划很难实施。即便侥幸找到合适的对象,也在赴韩返乡者再次去韩国后而草草收场。第二,空间障碍。因不能在一起陪伴和相处,很多情侣感情得不到巩固和发展,即便有幸走向婚姻,也因彼此了解不足,产生各种矛盾。第三,文化障碍。对于有过赴韩务工经历的返乡者来说,与国内很多适龄青年对事物的认知不同,彼此的经历不同,所持有的评价标准也会不同,因此很难彼此认同。

(五) 小结

1. 政策决定家庭命运

韩国针对中国朝鲜族的移民政策,无形中造成了民族上的隔离和差异化。因为这种差异化待遇,使得很多本已结合的跨民族家庭面临被解体的风险。

2. 小家的离散

赴韩务工的男性，包括很多女性出国前认为赚钱、养家就是作为丈夫（或妻子）角色的最好承诺与凸显。然而，当男女两地分居后，特别是当女性出国后，发现自己也可以赚取高薪，甚至可以取代丈夫行使养家功能的时候，丈夫的角色就变得可有可无，特别是如果这时男女双方再缺乏沟通和转变，最终当女性个体意识彻底觉醒时，会出现大量的离婚现象。离散家庭带来了单亲留守儿童问题，单亲留守儿童和少年又带来纵欲消费、早恋、偷窃、斗殴、吸毒甚至恶性伤人事件。这一系列的问题根源都是人们对家庭角色的承诺在变化，对家庭角色的突显不再认同，家庭角色认同出现混淆造成的。

3. 大家庭的回归

与之相对应的是，90%以上的受访者都表示或早或晚一定会回到祖国，落叶归根。在返乡者看来，大家庭不仅仅是一种生产与再生产的社会制度和结构，更是私人生活的中心以及个人的避风港。[①] 这是一种对母国文化的自然向往，更是对血缘亲情的自然回归。很多人虽然小家（婚姻家庭）离散，但因为与自己有血缘关系的亲人还在国内，所以心心念念想要长期回到国内发展。一些对国内工作、环境甚至文化不甚认同的返乡者，也在为亲情苦苦坚守。希望用陪伴和在场，表达自己最深切的情感诉求。

4. 家庭角色承诺的混淆与拜金主义

很多赴韩务工者婚姻关系的离散都是因为对自身的家庭角色承诺没有一个全面的认知，家庭中代际之间的区隔与疏离也是因为赴韩务工者对家庭角色认知的不全面造成的。这里面最突出的一点就是拜金主义，即钱可以解决一切问题，钱可以满足一切需要，钱可以扮演任何角色。那么赚钱的手段——赴韩务工或出国打工赚钱，就成了赴韩务工者心里解决一切矛盾的出路和强大心理支撑："我出国挣钱还不都是为了这个家"，"我出国挣钱还不都是为了让你（配偶）过上好

[①] 阎云翔：《生活的变革：一个中国村庄里的爱情、家庭与亲密关系（1949—1999）》，龚小夏译，上海书店出版社2006年版，第11—20页。

日子""我出国挣钱还不都是为了供你（子女）上好学校""我出国挣钱就是为了你们（父母）老了以后有钱看病"。很多赴韩务工的返乡者用金钱和工作角色，来混淆家庭成员应该扮演的角色，从而造成了大量的离散家庭而不得解决之道，沉浸在委屈和苦闷的自我深渊里。

第六章　归属与安全感：集体身份认同的变化与社会适应

集体身份认同是指人们对自己所属的群体和特定社会范畴的认同，是对这些社会群体和特定社会范畴赋予的意义，是在集体认同后个体的感受、信念和态度。[1] 集体身份可以指任何社会组织或特定社会范畴的成员资格，包括民族[2]、国籍[3]、宗教信仰[4]等。集体身份认同的理论研究方法是聚焦于集体过程（collective process）：比如个人在群体间互动的情境下，如何在瞬间形塑自我概念，进而使人将自己从独立的个体视为集体成员；[5] 或者，从民族、国家或性别身份认同的意义上考察个体。

本章主要从三个方面来考察返乡者的社会适应问题：一是从民族认同的视角，看朝鲜族青年赴韩务工和返乡过程中对中国朝鲜族和大韩民族的认同变化过程，以此了解其返乡动机和返乡适

---

[1] Tajfel, H. & Turner, J. C., "The Social Identity Theory of Intergroup Behavior", In S. Worchel & W. G. Austin (Eds.), *The Psychology of Intergroup Behavior*, Chicago: Nelson Hall, 1986, pp. 7–24.

[2] Taylor, D. M., "The Quest for Collective Identity: The Plight of Disadvantaged Ethnic Minorities", *Canadian Psychology*, 1997 (3), pp. 174–190.

[3] Schildkraut, D. J., "Defining American Identity in the Twenty-first Century: How Much 'there' is There?", *The Journal of Politics*, 2007 (69), pp. 597–615.

[4] Cohen, A. B., Hall, D. E., Koenig, H. G. & Meador, K. G., "Social Versus Individual Motivation: Implications for Normative Definitions of Religions Orientation", *Personality and Social Psychology Review*, 2005 (9), pp. 48–61.

[5] Turner, J. C., Hogg, M. A., Oakes, P. J., Reicher, S. D. & Wetherell, M. S., *Rediscovering the Social Group: A Self-Categorization Theory*, Oxford & New York: Blackwell, 1987, p. 27.

应情况；二是从国家认同的视角，看赴韩务工者在出国和返乡过程中的社会适应过程，并由此理解返乡者的返乡动机和返乡适应效果；三是从宗教认同的视角，看具有宗教身份和赴韩务工后获得宗教身份的青年返乡者们，他们的宗教身份对其返乡适应过程和效果有何消极或积极的影响，这种宗教身份会不会影响其对民族和国家的认同。

一 民族身份认同

民族认同也决定着返乡者的社会适应效果。所谓民族认同，是指作为一个共同的民族或族群拥有共同的价值观，共同的心理和意识。对于中国的朝鲜族来说，对朝鲜半岛的朝鲜和韩国有一种特别的亲切感和向往之情。因为文化和语言的相近性，所以中国朝鲜族对朝鲜半岛具有特殊的感情。特别是韩国，近几十年在文化和经济方面发展迅猛，国家繁盛，很多中国朝鲜族都对韩国充满向往。中国朝鲜族因被韩国界定为海外同胞，而获得了较有优势的韩国入境和务工签证。不少中国朝鲜族在出国务工前对韩国的文化有着潜在的亲切感和认同感。那么，在返乡赴韩务工青年的心中，特别是朝鲜族返乡者认知里，大韩民族和中国朝鲜族是不分彼此的"兄弟"，还是界限分明的不同族群呢？

（一）民族语言文化差异

民族文化包括语言、文字、饮食、价值观等方面的元素。文化的相似与相通能够增进民族间与民族内部成员的相互认同，但是一旦文化中任何元素出现差异性，也使民族内部或民族间的成员产生不认同和疏离感。

> 韩国人吃什么东西都爱放糖，和我们（中国）朝鲜族拌的小菜也不是一个味儿，不好吃。(FX06)
> 比方说拿完东西，好几个东西都不一样的叫法，比如说是一

第六章　归属与安全感：集体身份认同的变化与社会适应

个刀，咱这边叫"칼"，在他们那边不这么叫，叫别的什么"나이프（knife）"。韩国人说"把那个刀子拿来"，我们朝族人就听不懂，不知道是什么，他们就骂难听的。女的还行，（中国朝鲜族）男的（自尊心）就受不了。（FX17）

中国朝鲜族与大韩民族由于长期生活在不同的社会和文化环境中，两个群体在语言习惯、价值取向和饮食偏好等方面都形成了不同的特点。中国朝鲜族外来语较少，部分外来语也主要是受中文的影响。而韩语外来语的词汇量非常大，主要包括中文、日语和英语的转化等。这些语言上不同的特点使得韩国人对中国朝鲜族另眼相看，甚至有意无意地排斥，给身在韩国的朝鲜族带来压力和不适感。

同事都是中国人，朝鲜族，还可以吧。但是朝鲜族到韩国以后他们有点奇怪：明明你是中国人，但是在一起的时候他们不让你说中文，怕别人认出来你是中国人，其实他们说的韩语一点都不标准，朝鲜族已经习惯了他们的语调，上韩国一般改不过来。但是我这人比较平易近人，不跟他们计较什么，什么都是好。就是你别欺负我，欺负我就不行。（FX02）

正如访谈中所展现出来的典型现象，有些中国朝鲜族在韩国尽量讲朝鲜族语，为的是不让韩国人听出身上"中国人"的文化元素；因为中国朝鲜族民族语言的语音语调与韩国人不同，一下就能被听出是中国朝鲜族，从而有可能会被不平等地对待。为了能够降低身边韩国人对自己的歧视感，不得不重新学习韩国语语音语调和词汇，以求"去中国朝鲜族化"。在这种压抑和被排斥的心理影响下，中国朝鲜族发现自己其实并不属于韩国，也并不被韩国主流文化和民众所接纳，通过身在国外的负面经历，客观上增强了对自身"中国人"的集体身份认同。

中国朝鲜族从小在中国受到教育和成长，虽然其通过赴韩务工，他们跨越国境与大韩民族在同一社会工作和生活，语言和生活方式都近似，但是深植在朝鲜族身体里的中国文化及行为方式，已渗入血液。所以，在两个民族互动时，彼此熟悉的是相似的语言和传统文化符号，而陌生的是不同的制度文化和价值取向。文化差异强化国家认同。朝鲜族对中国文化的认同使得他们对韩国文化感到"水土不服"。大部分中、短期返乡青年朝鲜族都希望回国安度晚年。其主要原因是"韩国情结"的消失和对中韩文化差异的不适应。[①] 同时大韩民族对中国朝鲜族的文化价值和行为方式的排斥和无法容忍，更进一步强化了中国朝鲜族的国家认同感且划清了民族界限。

（二）民族间阶层区隔

中国朝鲜族在赴韩工作过程中，因从事工作的种类、收入水平与韩国本地朝鲜族的不同，使得两个同宗同源的民族在阶层上产生了差别和区隔。

> 我们在会社的时候也是这样（韩国人和中国朝鲜族争论），互相斗口角也是这样。有些时候，他瞧不起我，我骂他的时候，也不直接骂他们，我就拐个弯骂他。我们在会社的时候，说我们是杂（血统不纯正），要说杂的话，我们还不算是杂的，我父亲是朝鲜族，我母亲是朝鲜族，我不算是杂牌的，我是纯种的朝鲜族。我说最可怜的是你们韩国人，这些都不是你们自己的，你们自己完全都是外来人。将来变成杂牌的是哪个国，我说将来变成杂牌的是韩国人。朝鲜族能不能完全是纯种的朝鲜族，以后将来整不好都找不着，我说你看，你们现在结婚过来的，俄罗斯的、中国的、蒙古的、菲律宾的、越南的，我说的这些人，你们算算你们将来真正的属于大韩民族的，再过多少年以后你们还能剩多

---

① 周建新、黄超：《跨国民族劳务输出中的族群认同与国家认同——以龙山村 S 屯朝鲜族劳务输出韩国为例》，《思想战线》2011 年第 2 期。

第六章　归属与安全感：集体身份认同的变化与社会适应　　135

少纯种的朝鲜族。我说的时候，他们什么话也说不出来了。
（FX20）

　　完全融入不到韩国的生活，他们韩国人怎么说呢？就是特别不喜欢中国人，特别是中国的朝鲜族，延边的。那就跟中国其他地区的朝鲜族有关吧，早年间其他地区的朝鲜族来韩国之后，就跟韩国人说我们延边的朝鲜族有多么多么不好，有多么多么坏。就是说我们延边的朝鲜族特别能找茬。说得千奇百怪。

　　在韩国这儿没什么可出去的地方。离得远了，比如说我在韩国待了一段时间之后，回国再见到中国朋友的时候就觉得什么话都说不到一起了。

　　说两句话不对就上去给你一顿胖揍。就是说我们延边朝鲜族排外，中国十大地区的朝鲜族和延边朝鲜族不都是一个民族吗，但是说我们延边朝鲜族不认同他们外地的朝鲜族。说我们把延边以外地区的朝鲜族，称为外地的朝鲜族。

　　不讲理，说我们不讲理。（FX23）

　　由于中国朝鲜族到韩国主要从事的是当地人避讳的"3D"行业，由于收入较低且为了省钱，中国朝鲜族的居住环境也较差，主要集中在落后的老城区，无形中与大韩民族形成一种"阶层差异"①。韩国社会对延边朝鲜族群体因历史原因形成的刻板印象，②使得很多延边朝鲜族对自己的国家身份和民族身份与韩国人隔离开来。中国朝鲜族对这种来自韩国主流社会的排斥和歧视是不认同的，所以很多在民族成员互动过程中实际是更加强化这种民族阶层的差异。

　　而赴韩务工的中国朝鲜族在返乡后，却感受不到这种隔离和歧视。中国朝鲜族是全国少数民族中最早建立自治区的民族之一，由于朝鲜族

---

① 朴光星：《赴韩朝鲜族劳工群体的国家、民族、族群认同》，《云南民族大学学报》（哲学社会科学版）2010 年第 5 期。
② 俞少宾、崔兴硕：《身份认同转变的影响因素探析——基于 16 位在韩朝鲜族移民的结构式访谈》，《华侨华人历史研究》2012 年第 12 期。

文化水平较高，在中国社会中一直颇受尊敬和认同。① 这种两国不同的民族互动体验，使得中国朝鲜族的国家民族的边界更加清晰。

（三）小结

赴韩务工的朝鲜族青年在跨境劳务流动的过程是随着时空的转换，原有的想象中的"同胞兄弟"并非亲密无间，彼此平等互助。由于语言文化、政治权力的差异以及民族、国家阶层的区隔，朝鲜族青年意识到自己"中国朝鲜族"的民族身份，同时也更明确自身"中国人"的身份。返乡深切感觉到"原来出了国，自己中国人的身份是这么重要和凸显"。根据访谈，大多数朝鲜族返乡受访者都表示老了以后还是要回到中国的意愿。虽然韩国在对朝鲜族的入境政策上有一定的照顾，但随着中国朝鲜族在韩国长期生活和工作，他们发现这种民族之间因文化、价值观和国家背景的不同而受到的不平等待遇，以及生活方式的差异所带来的不便和隔离。曾经对自身所属国家没有明确意识的中国朝鲜族，也越来越多地增强了中国为祖国的意识。② 中国朝鲜族在中国享有较高的社会地位，不同民族间关系融洽，中国朝鲜族对中国的认同是发自内心的由衷的选择。③ 出国务工经历使得他们更加明确了自己的民族身份和国家身份。

二　国家身份认同

不同学者对国家认同的界定有所不同。国家认同反映的是人与国家的基本关系，是个人对自己国家的认可与服从。林尚立认为国家认同包括三个层面：第一个层面是国家制度体系认同；第二个层面是公民身份和权利认同；第三个层面是国家政治共同体认同。④ 还

---

① 朱在宪、车今顺：《中国特色朝鲜族文化的发展规律及其趋势》，《延边大学学报》2000 年第 4 期。
② 韩震：《论全球化进程中的多重文化认同》，《求是学刊》2005 年第 5 期。
③ 朴婷姬：《试论跨国民族的多重认同——以对中国朝鲜族认同研究为中心》，《东疆学刊》2008 年第 7 期。
④ 林尚立：《现代国家认同建构的政治逻辑》，《中国社会科学》2013 年第 8 期。

有学者认为国家认同应该包括：文化认同①、公民认同②、民族认同③、政治认同④、地域认同⑤等。在全球化的进程中，国家认同在不同的情况下会有不同的定义，国家认同也需要被重新调整，甚至被重新设计，⑥才能体现不同群体在不同时空和情境下的诉求。同时，因为国家认同仍然是一个国家国民最基本的认同，其功能可以保持国家的安全和统一，因此，在全球化的今天研究和强调国家认同仍然是非常必要的。⑦在本研究中，因为研究对象是赴韩务工的返乡青年群体，因为这一群体的跨文化性、跨国界性，所以本研究的国家认同包含了两个层面：一是国家文化的认同。主要分析返乡青年在经历不同国家的文化碰撞后，对母国文化和客居国文化的认同和归属感问题。国家文化认同包括价值观认同。二是政治认同。政治认同主要包括对国家政治安全的认同和公民身份权利的认同。主要是指赴韩务工青年在国际流动的过程中，其对国家政治安全的信任以及对自身国民身份的认知过程和对自身公民权利的诉求。通过对比和经历，考察返乡者对国家的认同和归属感。

（一）政治身份认同

1. 国家政治安全认同

国际政治局势直接影响国计民生。一个国家的政治安全也影响

---

① 韩震：《论国家认同、民族认同及文化认同——一种基于历史哲学的分析与思考》，《北京师范大学学报》2010年第1期。
② 高永久、朱军：《论多民族国家中的民族认同与国家认同》，《民族研究》2010年第2期。
③ 贺金瑞、燕继荣：《论从民族认同到国家认同》，《中央民族大学学报》（哲学社会科学版）2008年第3期。
④ 李素华：《政治认同的辨析》，《当代亚太》2005年第12期。
⑤ ［英］曼纽尔·卡斯特：《认同的力量》（第2版），曹荣湘译，社会科学文献出版社2006年版，第65页。
⑥ ［英］鲍伯·杰索普：《重构国家、重新引导国家权力》，何子英译，《求是学刊》2007年第4期。
⑦ 韩震：《论国家认同、民族认同及文化认同——一种基于历史哲学的分析与思考》，《北京师范大学学报》（社会科学版）2010年第1期。

着本国公民的福祉、安全感和他国对该国的经济和外交政策策略。赴韩务工青年是否会选择返乡发展，与国内的政治安全局势密不可分。

> 我以后怎么也得回中国。这边老打炮，我在议政府（韩国城市）这边儿上班，离两国边境近，韩国和朝鲜总是军事演习，经常打炮警告对方。有时候晚上睡觉都能被震醒，真害怕，还是中国安全。两国的关系，因为我们这边儿的韩国人离得近，天天看新闻天天说，他们就跟我说："如果韩国和朝鲜打仗了，中国人咋办。"天天问，听都听烦了，我们是朝鲜族，但我们是中国人，他们两个国家打仗，我们中国人不参与，到时候直接拿衣服跑路，跑到中国大使馆去。（FX24）

赴韩务工者对于中国的政治安全是十分认同的，这也加强了其国家认同的程度。国家的安定，是经济发展的基础，也是民生福祉的基本保障。因此，中国安定团结的局面是很多海外游子归国的重要原因。在国际局势动荡敏感的当前，中国良好的政治安全局面，使得赴韩务工青年对祖国充满荣誉自豪感和安全稳定感，也因此坚定了长期返乡发展的决心。

2. 公民身份权利

当人身居祖国时，公民身份作为一种身份标签，自然而然地给每个人带来平等享受公民权利的机会。然而，当走出国门，进入另一个国家，这种他国公民所享受的权利就不能被自然而然地轻易获取，甚至是求而不得的。延边赴韩务工群体中，有很多中国朝鲜族在去韩国打工之前，因为同源文化的原因，心中有着各种形式的"韩国情结"。而这种想象出来的亲近感在现实的赴韩之旅中却并不尽如人意。[①] 在赴韩之前，很多中国朝鲜族更强调自身的朝鲜族民族身份，并以此作

---

① 周建新、黄超：《跨国民族劳务输出中的族群认同与国家认同——以龙山村 S 屯朝鲜族劳务输出韩国为例》，《思想战线》2011 年第 2 期。

为他们实现"韩国梦"的重要起点。①

> 跟老板,其实最后我把工作辞掉也是和老板不对付。跟他一直干了5年。我这个人就那样,在一个地方干了,就不想挪地方,而且我不但在那个学院工作,我还在别的地方打工。所以经济上也好很多。随着在学院的时间长,我教的课程也少了,教高级班,高级班就轻松一点,每天就3—4节课,而且周六、周日,什么红日,都休息。工资最后涨到了180万,然后我再找几个学生教一教,每个月工资其实也不错。当初不干是因为发现一个问题。我们学院来了一个韩国人,当老师,她在中国留学了4年,在我干到第五年的时候,她才干了2年。我发现她的工资比我高一倍。刚开始她进来时的工资就是我的一倍多,就是我刚开始实习期90万,她实习期是200万,实习期结束时250万,而我才120万。不管是真假结婚,毕竟我的签证是F6,结婚签证等于公民一样,她竟然对我那样。我是在不经意间知道的。我就问院长什么意思,他一直说没有那么回事,后来我把证据拿出来了,我对他说:你最起码差不多点,差一半我实在是受不了,我不干了。反正这个老板也挺不好的,我也知道他有些地方有问题。比如院长是男的,中国有些女的,为了达到目的,干那些偷鸡摸狗的事,我不太赞同。而且这个院长也想对我那样,我就一直不同意,紧接着发生这个问题,就打了一仗,我就不干了。
>
> 如果这个学院也跟对韩国人一样给我300多万的工资,那我就不走了。他还说给我涨到200万,那我也不干,你既然涨,就得涨到和她一样。我为了这20万和你吵这个呀?没有用。而且那个韩国老师根本没什么水平,我已经干了5年,所有的重要的课程都给我上。这个女的呢,她中文真的不好,发音也不行,就只不过教教孩子啥的。(FX02)

---

① 俞少宾、崔兴硕:《身份认同转变的影响因素探析——基于16位在韩朝鲜族移民的结构式访谈》,《华侨华人历史研究》2012年第12期。

像我们中国人 E5 签证的，到哪儿工作就像卖到哪儿了一样。工作地点换的话得老板同意，来了只能做当时签约的工作。刚开始来不是很好相处，刚开始来，我们是两个中国人，一个是个小伙子，汪清的。来的时候比较小，他 25 岁，我那时候 33 岁。刚来的时候，饭店不算我们共 7 个人，两个服务员在前面，加上老板娘 1 个人，厨房 4 个人，都是韩国人。哎呀，对我们，对咱们中国人简直了，什么脏话啊，语气啊，不比对朝鲜人强多少。根本就没有尊严。

我是厨师，正常中间没活的时候，他们吃什么东西，在前面吃什么零食啊，一般都是单独的，他们自己吃，我们两个中国人在后边（后厨），给都不给，你们瞅就瞅吧，一点不管你们，就是那种分得非常严重。平时就是喝辣白菜汤、酱汤，中午老板娘一进厨房，炒点东西，给韩国人的菜做完，我俩就没有，我俩想吃什么，得自己考虑。别的东西像肉啦、鸡肉啦，我们不能动，只能吃点面条……，就是真的很差劲。

语言也不太通，延边人汉族朝鲜语和韩国语虽然相差不大，但外来语特别多，咱们根本听不懂，语言优势根本就没有。挺受歧视的。

一般韩国人和朝鲜族干 12 个小时，我们是 E5 签证，和老板有特殊合同，做 13 个小时，早 8 点到晚上 9 点。这对我们是极其不平等的。周末休息，正常都是休 4 天。老板最开始说让我们一月休 2 天，后来大厦都休息，实在没人来，水电费都划不来，而且他也休息不了，所以就又变成一月休 4 天了。（FX05）

你是外国人，特别是中国人的话，他比较轻看你这样的人。我们去一个地方一起去面试，韩国人和中国人一起去面试，中国人比韩国人条件好，什么都干过，什么都会做，韩国人比我们差一点，但是韩国人的待遇比我们高。那样的情况比较多。我不是说所有的都那样，他们对韩国人说的话，说敬语，我们是外国人，他们跟我们说的不是敬语，直接就是那样。我也体验过好几回，对他们的印象不太好。（FX26）

第六章 归属与安全感：集体身份认同的变化与社会适应

上述案例说明由于务工者中国人的身份在韩国遭受的工作中的不公平待遇问题。这种情况在赴韩务工者出国之前是根本不会遇到的。在中国，没有人会因为打工者的身份而差别对待，因为大家都是中国人。因此，很多人发出感慨"货离乡贵，人离乡贱"。这种遭遇更增强了赴韩打工者的国家情怀，更认清了自身只有在自己的国家才能享受公平的待遇。

> 我们在这个会社的时候，我们中国人之间经常说中国话，不方便说韩语什么的。我们之间内部的事我们用我们的语言去说。他们就不允许我们说中国话。不说就不说吧，反正我是来挣钱的，我不管你那些什么，我挣我的钱就行了，爱怎么地怎么地，然后我们到北京出差去了，我们一说中国话，他们就不准我们说中国话，我说对不起，这是在中华人民共和国的地盘，不许你说韩国话。
>
> 这个确实是这样，不管是国内怎么样，受人欺负也好，咱们可以说，自己家里的事就这样，他们就不一样，就是说的国与国之间的事，真的是那样，他完全不一样。
>
> 完全不一样，他们大部分人都是歧视中国人的，他们也有一些见过世面的人，没见过世面的人就是个井底之蛙。我上个月在会社的时候，那会社的人问我，你们那里的人是不是鸡蛋都经常吃不到（无语）。我们在会社里，我们之间有些时候经常斗一些口角，他也是说那些诬蔑的话，我们也说。像我们说实话不像他们那么直接说，毕竟是在人家的地盘，就笑呵呵地跟他拐个弯说。（FX20）
>
> 我就和你说一个最简单的例子，韩国人对中国人最简单的一个（交流）方式：你在这个大厦待了一段时间，韩国人知道你是中国人。韩国人和韩国人见面都是半哈腰，打招呼说你好，很有礼貌。知道我们是中国人之后，他根本就不理你。好像中国人就比韩国人低多少级，对中国人极不尊重。因为穿着

都一样，他看不出你是中国人，但时间长了他知道，这个饭店有中国人。所以周围饭店的 azuma（大婶）呀，服务员啊一看你是中国人，和你见面时，就根本不理你。就好像和你们中国人说话，我会很丢面子。包括现在也是，饭店周围老板刚开始以为我是韩国人呢，都和我打招呼。但时间长了以后，他知道我是中国人，哪怕我和他打招呼，他就点个头，脸上面无表情。和别人都是客气啊，微笑啊，说话都用敬语。韩国人对朝鲜族还行，但是比不上对韩国人。对汉族人最差，可能工资也有关系。所以说基本就不理你，我们在这生活（和其他人比）有很大的反差。（FX05）

  我爸想来（韩国），但是我不想让他过来。我爸今年都 60 岁了，我不想让他再过来受这种苦。人在国外干活的话，有种国内（韩国）人看不起的感觉。我说的是韩国本地人瞧不起我们中国人，我爸都上年纪了，我不想让韩国人再瞧不起我爸。（FX24）

  对，我还在同一个店工作。（为了让他们对中国有所改观）我没事就让他们看中国，现在都有智能手机，当初朴槿惠总统上台以后，她是亲华的人物，和中国关系走得很近。韩国的 KBS 2 台，有一次做了一个节目，叫《绚丽的中国》，是 7 集的一个专题片，讲中国改革开放以后，中国如何发展的，而且这个专题片做得非常好。他们也看了这个节目，对中国的印象有了很大改观，尤其对中国的旅游，知道中国的张家界，中国的北京，了解我们国家一些特别优秀的旅游景点，一些人文风情啥的，认为中国现在有很大改观。而且我没事也给他们看中国各大菜系的图片，了解我们中国人现在吃什么。我让他们知道，我们中国人现在吃什么，穿什么，用什么。而且中国和韩国现在双边贸易，习近平主席也访问了韩国。这双边贸易中国也做得不错，华为手机，小米手机，一系列产品打入韩国市场，价格也比较低廉，现在韩国人都在用。因为中国手机便宜，而且功能也不错。中国出口的东西，同样的东西，都比咱们国内的人用的好。不像日本，一等品给国人用；二等品出口。而中国是一等品出口；二等品给国人用。所以韩国现在也开始逐渐接受中国的品牌。朝鲜族一共来韩国的可能200多万人吧，入籍的好像有20多万，也有永驻的。（FX05）

上述几个例子从不同层面展现出赴韩务工者在韩国因为中国身份的问题饱受质疑和歧视的经历。这种经历让赴韩务工者们发现，即便自己没有做错，在异国也随时准备被外国人负面评价和限制，因为这不是自己的地盘。在别人的国家里，客居者只能忍受因国民身份不同而带来的歧视和不公平待遇。这种情况让赴韩务工者一旦有机会就想要伸张自己国家的荣誉感和存在感，更加强化了赴韩务工人员的国家认同感。也为其返乡打下伏笔。

(二) 文化身份认同

1. 文化差异

文化的差异及冲突也是影响返乡者社会适应的重要因素之一。尽管从区域文化上看，中国延边地区与韩国文化有许多相近之处。但是由于两国不同的政治、经济和国际关系的发展路径，致使两个区域的文化也存在一定程度的差异性。

> 韩国人真梗，韩国人一根筋，他认死理，咱们中国人会灵活地用，但是韩国人不，有的时候前面有水坑你迈一步就可以了，他不，他一定要转弯，或者这么说吧，中国是可以转过去或者怎么样的，但是韩国人不，韩国人就是要一步一个脚印走过去的那种。说句白话他就是梗，说得好听一点他就是特别执着。是因为这样的事情太多，一时半会儿想不起来。而且，韩国人从小孩到老人做事情都比较完美。他不是说怎么样完美，他做的事情一定要完美。这个东西本来是放在这个位置的，你要稍微给他换一个地方他不干，一定要放在原来的位置。对，中国人可能是会比较随性。凡事都要问为什么。而且一定要知道答案。

我回国后，我身边的亲戚朋友也说我像韩国人一样梗。就是不一样的问题一定要刨根问底地问清楚。以前没出国的时候，问了之后就完事了，我如果现在实在想不明白的话，然后就会问，他们就觉得很简单的能理解的东西，可能是我在韩国待得时间长了，思想可能也会被同化了，他们就说我：你是不是被泡菜泡脑袋了（讪笑）。可以这么说，不是说我自己漂白自己，但是在韩国生活一段时间再回国之后，他们的朋友圈、交际圈、送礼圈和我就不相干了。（FX18）

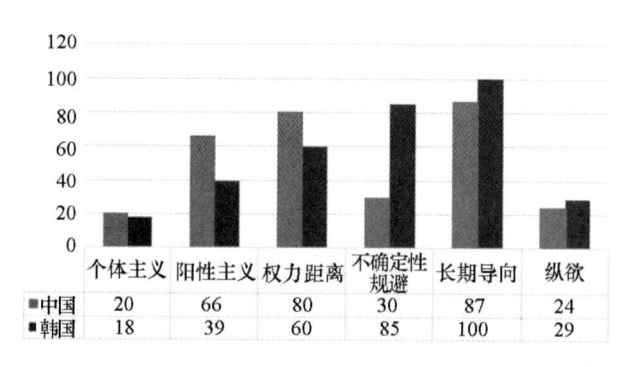

	个体主义	阳性主义	权力距离	不确定性规避	长期导向	纵欲
中国	20	66	80	30	87	24
韩国	18	39	60	85	100	29

图 6.1　中韩文化价值维度比较

资料来源：https://www.geert-hofstede.com/south-korea.html.

根据霍夫斯泰德（Hofstede）自 1976—2010 年有关 76 个国家的文化价值维度的研究，国家文化可以通过六种维度进行比较分析：第一维度是个体主义与集体主义。在个体主义文化中，人们偏好较为松散的社会结构，人们只需要照顾自己及直系亲属。同时个体主义文化认同强调个人利益和成就，认为个人利益先于集体利益；而集体主义文化偏好紧密的社会结构，人们认为亲属或组织内部成员应该对彼此忠诚且彼此照顾。集体主义文化强调集体利益先于个人利益。第二维度是阳性主义与阴性主义文化。阳性主义文化代表一个国家或社会强调成就、英雄主义、自信和物质获得层面的成功。总体来说，阳性主义社会是充满竞争意识的；阴性主义则相反,这一文化维度代表着一个国家和社会更注重合作、谦虚、关心弱者和生活质量。总的来说,阴性主义社会更强调共识取向。第三维度是权力距离。这个维度表示一个社会中较不强大的成员接受和期望权力不平等分配的程度。这里的根本问题是社会如何处理人与人之间的不平等。表现出很大程度的权力距离的社会中的人们接受每个人都有一个地位的分级秩序,而不需要进一步的理由;在低权力距离的社会,人们努力平衡权力的分配和权力不平等的需求理由。第四维度是不确定性规避。所谓不确定性规避是指一种文化对于不可知未来及不确定性的容忍程度。因为诸如未知的将来、文化的陌生和差异所带来的模糊感和不确定感会给人带来焦虑,所以文化成员会想办法规避这种不确定性。因此,不确定性规避程度高的文化通常会制定规则和信仰机制来规避这种不确定性和模糊性。第五维度是长期导向与短期导向文化。长期导向文化是指人们强调长期关系的建立和长期发展的积累。处理事情时采取更实用的态度,鼓励节俭和现代教育。强调未雨绸缪;而短期导向指数更注重当下,不强调长期关系的维系。第六维度是纵欲与节制文化。纵欲文化代表人们对"追求享乐和满足人欲"持一种相对自由和包容的态度;而节制文化则会用严格的社会规范来抑制人的欲求。①

如图 6.1 所示,中韩在文化上有很多相近之处,如都是集体主义、长期导向型和低度纵欲文化国家,但是在阳性/阴性主义文化、权力距离和不确定性规避程度上,两国差别巨大。前文已就阳性/阴性主义文化、权力距离做过分析,在不确定性规避程度上,韩国属于高度不确定性规避文化,得分为 85 分。而中国属于低度不确定性规避文化,得分为 30 分。韩国是高度不确定性规避文化,对文化价值观和行为有着严格的标准,对非标准化的行为和思想无法忍受。在韩国文化中,人们崇拜规则,对忙碌的工作、精确和准时有内在的需求。而中国文化属于低度不确定性规避文化,在特定的社会情境下,真理也许是相对的,特事要特办。这种文化倾向灵活地遵守法律和规

---

① https://geert-hofstede.com/national-culture.html.

则,一切都应该视情况而定,视实用的程度而定。中国人对模糊的容忍程度很高。

(三) 小结

综合以上个案可以看出,在国家认同方面,无论是朝鲜族、汉族或其他民族的赴韩务工者,其对国家身份的认同都是更加明晰的,更加强化的。其中原因有三:一是对国家政治安全的信心和认同感。这种认同感给每一位在韩国的中国人以安全感。一旦发生战乱,在民族和国家倾向问题上,显然国家认同高于民族认同。二是公民政治身份的认同。这主要源于赴韩务工人员在韩国生活、工作期间所遭遇的种种不公平待遇和歧视。这种让人痛苦和不悦的经历以一种逆向的方式证明了国家的重要性,国民身份的重要性。因此,赴韩务工者的国家认同感和归属感被强化。特别是朝鲜族,原本有些人一些模糊的民族和国家身份问题,在无法真正融入韩国社会之后,"中国人"的身份变得更加清晰。① 所以有很多朝鲜族在面对国家认同问题时会说:"我首先是中国人,然后才是朝鲜族。"三是国家文化的差异强化国家认同。尽管因为地缘关系加之中国文明的传播,中韩在文化上有着很高的相似性。随着时空的转换和不同国家发展的不同,韩国和中国在文化的很多方面都展现出了不同点,这些文化符号上的差异就像某种"符咒",会造成中韩文化的碰撞和冲突,同时也拉动赴韩务工青年尽快踏上返乡之旅。

三 宗教身份认同

在赴韩务工和返乡的过程中,有很多青年务工群体加入了宗教信仰团体,特别是基督教新教信徒倍增。据统计,2005 年韩国新教徒为 8616338 人,天主教徒为 5146147 人,分别占全国总人数的

---

① 朴政君:《中国朝鲜族的国民认同现状分析》,《延边大学学报》(社会科学版) 2015 年第 3 期。

34.5%和20.6%；信仰基督教的人数占韩国总人数的55%。这是由于我国和韩国建交互通经贸往来的同时，在文化和宗教传播上也相互影响。特别是在延边地区，赴韩务工风潮不但把从韩国赚的钱带回来，把韩国时尚带回来，也把韩国最大规模的宗教信仰带到了延边。1985—2004年间，延边基督教信徒从3500人发展到了38694人，增加了10倍。延边地区批准登记的宗教活动场所为257处，其中基督教堂222处，占总量的86.3%。① 在这些新增的新教教徒中，有很大一部分是赴韩务工中国人。因为延边朝鲜族的族缘和语言优势，很多人在韩国归信了基督教，回国后，回到当地教会，积极地参与教会相关事务。那么，这种宗教身份对赴韩返乡的打工青年们有何影响呢？宗教身份认同是否有利于其返乡的社会适应呢？

（一）物质资源分享

根据访谈发现，有不少返乡者是在韩国期间归信基督教的。在韩期间，赴韩务工青年的社会交往是闭塞的，与国内的亲人朋友无奈分离，导致关系疏离。与韩国人，由于语言、文化和国家民族认同的隔离，也不能很好地融合在一起，但是基督教给了赴韩务工者一个机会，把渴望尊重、平等和归属感的打工者，带到了一个温暖的、互助平等的本地社群。

> 我们在韩国的时候，没有太多机会和韩国人有什么深的交情，也没有韩国人愿意主动和我们做朋友，帮我们。后来我进教会（基督教新教）了，身边的人都特别有爱，特别热情，里面的韩国人也是，对我特别好。经常给我们发好东西，比如衣服啊，吃的呀什么的。我虽然家里穷出来打工，但我一直想看看能不能继续上学，但是语言也不怎么通，也不认识什么懂的人，所以一直也没机会。在教会，有一个大学老师，会汉语的，知道我想继

---

① 朴今海：《延边地区宗教发展现状及对策研究——以基督教发展为中心》，《延边大学学报》（社会科学版）2006年第9期。

续读大学，就帮我申请，一直在无私的帮我，真的，要是没有教会，没有这么多兄弟姊妹（教友）的帮助，我早就放弃了。（FX25）

回国之后，因为当时没挣着什么钱，回来之后很快就花光了。教会的张姊妹在探访的时候，知道了我的情况，就让我去她的幼儿园工作。（FX18）

对于部分返乡者而言，出国并不意味着一定能赚到钱然后衣锦还乡。有不少返乡者由于政策或不适等原因，虽然借了巨款交给中介办赴韩国打工，但是没有赚到钱就被迫返回中国了。在这种情况下，他们不愿意和原社会网络联系，因为觉得没面子，也不愿意再次去韩国。信基督教的返乡者在这样尴尬的局面下，很有可能得到来自教会里的同工和教友们的无私帮助和支持。在这种互动中，返乡者生活中原本的弱关系转变为强关系，支持着返乡者完成返乡融入和适应。

（二）社会网络衔接

返乡后，由于亲人们社会网络的局限，原有同事或朋友圈也没有得到很好的维系和拓展，很多返乡者的社会网络处于萎缩甚至断裂的状态。但是，宗教信仰却串联起了赴韩务工者在出国和返乡过程中的社会网络。

在韩国的时候，我也去了韩国教会，不行，根本听不懂。语言不通，加上我是中国人，你就觉得很难融入进去。每次都只能坐在那里，自己看会儿《圣经》，自己祷告一下。参加活动也是，我也试着融入进去，但是因为语言、文化和活动方式与中国教会太不一样了，所以，我当时特别想家里的教会！

回国后，我本来想看看，如果不行再出国。我妈说我该结婚了，可是我出国这么长时间，哪有认识的呀，家这边也就几个小学同学和初中同学联系联系，真的是没什么圈子。国内挣钱太难了，我也不想再去当服务员了，本来打算回来休息两年，这么一整，我就想马上出国了。结果教会里的陈姨给我介绍了个对象，也是信基督教的，我们俩处了一段时间挺好的，就结婚了，现在我俩在小区开了个小超市，收入还挺稳定。(FX29)

从上述访谈中可以看出，赴韩务工者的社会网络因宗教信仰而接续、维系和拓展。首先，在时间上，无论是在出国前、出国期间还是在回国后，宗教生活都时时伴随着返乡者；其次，在空间上，无论是在中国还是在韩国，人们都有可以社交和互相联系的物理空间和场所；再次，在价值观上，返乡者无论是出国还是返乡都能够继续找到志趣相投、追求相同、信仰一致的伙伴。最后，宗教认同不但维系了返乡者的社会网络，同时让返乡者对民族和国家的边界认识得更加清晰。返乡青年通过在教会分享出国经历和经验对即将或打算出国的教友有很大影响，因其经历了这种深刻的疏离感和异化感，所以也会向自己的教友表达：出国就是去赚钱，自己是中国人，是中国朝鲜族。由于不同的语言、意识形态和国家主流价值观使得赴韩务工者能够感受到在国外的教会不能像与国内教会的老友们那样融入和亲密，这也使得他们认清了自己所属的社会和国家民族的差异性。由于国内教会对赴韩务工人员仍保持紧密联系，加之国内宗教的神职人员明确的国家、民族立场，赴韩务工和返乡人员对国家的认同变得更加强烈和明确。[①]

(二) 小结

正如前文所述，赴韩务工青年返乡后会面临诸多挑战：一是工作的不能接续和失业问题；二是社会网络断裂问题；三是家庭的疏离问题以及自我无意义感。而通常返乡前或返乡后加入某种宗教信仰的返乡者，其社会适应程度和社会融入的速度都会更好更快一些。带着对

[①] 何艺、夏妍：《基督教视域下朝鲜族的认同状况研究》，《兰州大学学报》2016年第4期。

多样宗教文化的"平常心"和对民族文化差异的高度接纳能力,[①] 本研究从马斯洛的需求理论出发,分析宗教信仰是如何帮助返乡者加快和优化社会适应进程的。

第一,生存需求。虽然大部分返乡者因其在韩国打工所攒下的积蓄能够满足其基本的生理需求,但是一些被动返乡者,如他国政策不利返乡型和他国不适返乡型回国青年,不但在国外遭遇挫折,回国后需要面临巨大的债务问题和因挫折经历而带来的身体和心理健康方面的问题。以延边基督教新教为例,当发现教徒出现生活或健康问题时,他们会组织探访活动,为需要帮助者提供必要的生活物品、资金解决其生活的基本困难,同时对于有疾病的教友,也会用共同"祷告"的方式为其医治,这在很大程度上解决了赴韩返乡者的生存需求问题,为返乡者良好、稳定的社会适应提供了一些有益的帮助。[②]

第二,安全需求。很多赴韩务工的返乡青年都有一种不安全感,因其在国际劳务流动中追求阶层流动而不得,遭受种种歧视和不公平对待,遭遇文化冲突后价值观模糊,变得无所适从。而宗教信仰将这种不确定性和对未来的恐惧和不自信问题,交给了另一种更强大的力量去帮返乡者解决,那就是"万能且慈爱的神"。活在这种强大的宗教力量之中,返乡青年的安全感也得到了一定的满足。

第三,爱和归属的需求,也可称为社交需求。返乡者在出国和返乡过程中最常遇到的问题就是朋友关系网络的断裂、家庭的离散,致使返乡者返乡后原社会网络变得松散而疏离。但是,宗教信仰却把这些返乡者和本地教众紧密联系在一起,通过团契、宗教节日庆祝、礼拜和探访等活动将人与人联系起来。返乡者与来自社会各个阶层的人彼此平等,相互关爱,大家拥有共同的话题,就是荣耀和赞美神,向神诉说,彼此倾诉,为自己和他人祷告。这些紧密、平等而又充满爱的互动,大大满足了返乡者的社交需求,让返乡者得到了爱和归属感。特别是有宗教信仰的返乡者,与他们进行社会互动的人,无论是

---

① 何其敏:《归类与整合之间的宗教认同》,《世界宗教文化》2016年第1期。
② 刘烨:《马斯洛的人本哲学》,内蒙古文化出版社2008年版。

语言、文化价值观还是所处的物理空间,都是相同的或相似的,这更提高了其返乡的社会适应程度。

第四,尊重需求。以延边基督教新教为例,其教义表明神造世人,人人生而平等。因此,在教会中,无论是来自哪个社会阶层的信教者,都要与他人一样进行所有宗教仪式和活动,尽己所能地帮助他人。因此,特别是在出国前和在韩期间,一直处于社会下层的务工者,在教会找到了平等和尊严。

第五,自我实现需求。自我实现需求,是马斯洛需求理论中最高层次的需求,包括针对真善美至高人生境界获得的需求,是自我实现和自我意义的确定。宗教信仰给返乡者以最大的意义感和价值感。通过帮助和解救他人让教众产生自我认同感。对神的敬仰、追随以及靠近在返乡者看来就是对真、善、美的至高人生境界的追随和靠近。因此,宗教信仰在一定程度上也满足了返乡者的自我实现需求。

综上,宗教认同感的产生和发展,帮助了赴韩务工青年在返乡后进行良好的社会适应,使返乡者的国家认同和民族认同更加清晰和强化。但这也从一个侧面看出,返乡者对关怀返乡者的社会组织和公共空间的渴求。社会工作者、科研工作者和执政者应该反思,宗教团体为什么和如何能够满足返乡者多层次需求的。社会缺乏的就是这种大家可以相互关心,相互扶持,有针对性的社会支持系统。只有了解返乡者最深层次的需求,从返乡者的立场出发,才能建立起替代和超越宗教团体的平等、尊重、互助且有共同追求的社会群体与社会组织。返乡者精神有所归依,身体有所着落,心灵有所慰藉,才能更好地适应返乡社会生活。

第七章 结论与余论

一 结论概括

（一）朝鲜族返乡类型具有独特性

从返乡时间类型来看，由于受到政治、经济、文化、教育等条件的制约，朝鲜族多为中、短期返乡者，汉族以短、长期返乡者居多；从返乡动机来看，朝鲜族多以休养返乡型居多，汉族返乡者以政策不利返乡型和保守返乡型居多；从返乡适应效果看，朝鲜族整合型返乡者多于汉族。影响不同民族返乡类型的主要是签证政策。由于韩国实行的同胞签证政策，朝鲜族在签证方面可以获得如 H2 签证、F1 签证、F4 签证等多次自由往返韩国的机会，与汉族和其他民族相比，朝鲜族在打工时间、打工地点和工作内容选择的自由度上远远高于其他民族。

（二）返乡类型相互影响且相互转化

以返乡动机类型作为参照类型，分析其与返乡时间类型和返乡适应类型之间的逻辑联系时，可以发现：创新返乡型，是在返乡后要整合中韩两国务工经验和一切可用资源进行返乡就业和创业，需要长期在国内扎根发展且持一种开放包容的态度进行职业的接续性发展。因此，与长期返乡型和融合型返乡型相关性极高；休养型返乡型，主要返乡目的是休息、调养和访亲友或相亲结婚，所以一般不会长期停留在国内。同时，因休养型返乡者能够很好地平衡国内和国外的工作和生活，明确界定不同国家在其工作生活中的不同作用，因此，返乡后不会与亲朋或其他相关人员产生太多利益冲突。因此，休养型返乡者与中、短期返乡型和融合型返乡型有较为明显的相关性；保守返乡型是指返乡者在韩国已经完成了既定的赚钱目标或学习目标，就返回家乡的返乡群体。因此，这一返乡类型与长期返乡型和归认返乡型相关性较大；他国政策不利返乡型是因为在韩国签证问题或劳动保障问题被迫选择还乡的群体。因此，与长期返乡型、边缘型和归认型相关性密切；他国不适返乡型是指返乡者在韩国期间因为歧视、语言不通、生活不适、难以坚持工作等原因而不得不回国的群体。因此这一返乡类型与长期返乡型、归认型和边缘型相关性较高。

但现实的情况是动态的，不确定性众多且不断变化。以保守型返乡者为例，通常这种类型的返乡者也是长期返乡者。因为通常出国目标的设定就是为了能更好地、可持续地、长期地回国生活发展。但是，由于经济、政策、社会及个人际遇的缘故，保守型返乡者很可能会再次出国打工，这种个人身份转换的动态过程、社会变迁、人文与自然环境的影响需要通过个案的延伸探察才能清晰地描画出这种身份张力的冲突与调适的发展轨迹。这也需要具体地分析特定情境下不同群体的社会适应的动态过程。

（三）社会适应过程的多维度认同性

本研究认为，返乡社会适应的过程就是个人认同、物质认同、角色（身份）认同和集体（身份）认同的过程。个人的社会适应体现了人与人、人与社会、人与国家的多重关系和互动效果。首先，人在这个过程中，起到了有机的能动作用，没有个体对不同物质、角色和集体的选择、评价和行动，就不会有社会行为。其次，人的世界离不开物质和精神层面的共存。物质层面的认同体现个体精神层面对物质世界的认知和诉求，物质的满足与否直接决定了人的社会适应程度，精神层面的标准与尺度也直接或间接地影响着物质认同的程度与水平，进而影响着人的社会适应程度。再次，从人与社会的关系来看，人通过承担社会角色来进行社会互动，从而满足个体需求，因此个体对家庭、职业、社会网络等关系的认同与否决定了个体的社会适应情况。最后，个体的社会适应受到政治、经济、文化等多种宏观因素的影响，因此，集体认同从宏观层面分析个体对国家、民族、宗教等集体认同过程，这也反映了个体的宏观环境适应情况。因此，社会适应过程是一个多维度认同的过程。

（四）认同承诺不清致社会适应不良

在返乡社会适应过程中，身份认同的承诺与凸显如果是不匹配的，或者出现认同承诺的混淆，就会发生社会适应的偏差问题。以家庭身份认同为例，很多男性认为自己的家庭身份承诺就是赚钱养家，而女性对男性的家庭角色的预期则可能除了赚钱养家，还有陪伴、做家务、关心老人和孩子、浪漫等。这种情况就是认同承诺和突显与他人预期不匹配。另外，一些人认为赚钱多，职业发展顺利成功就是对家庭身份承诺的最好凸显。这就是典型的工作身份与家庭身份承诺和突显的混淆。因此，返乡者在韩国赚钱较多，但是在家庭中得不到配偶及其他亲人的认可，反而与亲人关系更加疏离和冷淡，致使返乡者觉得返乡无意义、返乡不适应。

（五）角色认同更决定社会适应程度

研究发现，角色身份认同对返乡者的社会适应程度影响最大。首先，从返乡动机看，他国不适返乡型在所有返乡动机类型上占比最小。也就是说，返乡者在韩期间，虽然会遭遇文化冲突、工作辛苦和歧视等问题，但是真正决定赴韩务工青年返乡的还是因为工作或家庭的缘故。其次，在社会适应的四大维度分析中可以看出，返乡者在韩国打工期间，其中国朝鲜族民族认同和作为"中国人"的国家认同更加明晰和强化，但这并没有让大多数返乡者从中、短期返乡者变为长期返乡者。反而是由于对工作身份和家庭身份的不认同，以及家庭和工作身份的混淆而再次远赴韩国，继续打工发展。因此，角色身份认同对返乡者的影响大于集体身份认同。

(六) 跨国流动语境下国家认同强化

根据研究发现，个体在未进行跨国流动过程中，特别是没有在他国长期工作和生活的个体，在国家认同方面意识不强，而民族认同程度较高。有过跨国流动经历的个体，其对国家认同的程度明显高于民族认同。这是由于，个体在本国的社会生活中，因为大多数周边群体都是具有同样国籍的，没有可比性和被排斥感。但是当人一旦身处异国，自己成了和周边群体国籍不同的少数群体，明显感受到了社会阶层、文化价值观的差异性和被排斥感。因此，人们在有过跨国流动经历后会更强调国家认同，而非民族认同。就像大多数延边朝鲜族赴韩务工群体在访谈中经常强调的那样："我首先是中国人，然后才是朝鲜族人。"因此，有学者指出，在吸引海外侨胞回国反哺的策略上，韩国采取的"海外同胞策略"吸引中国朝鲜族以民族回归的形式融入韩国社会。然而，由于国家认同的差异和民族文化的差异，这一策略并没有强化中国朝鲜族的民族认同感，更没有削弱中国朝鲜族对中国的国家认同感。而中国给予朝鲜族以平等的政治身份和独立的民族文化发展空间，能够获得朝鲜族人的认同，引起朝鲜族对国家认同的共鸣，使其对中国的归属感和认同感更加强烈。

二 对策回应

(一) 个体层面

个体在社会适应中的决定性和能动作用是至关重要的。本研究的返乡务工者作为社会适应研究的主体，其对跨境流动中变化了的政治、经济和社会环境作出反应的能动性和积极性与返乡社会适应程度密切相关。[①] 通过研究发现，返乡者从个体层面应该采取以下策略来提升返乡适应程度。

---

① 朱力:《中外移民社会适应的差异性与共同化》,《南京社会科学》2010年第10期。

1. 终生学习的理念

正如大多数受访者所表达的那样,"我将来肯定是要回国的",回国发展是大部分返乡青年的未来发展之路。赴韩务工的返乡青年很多面临职业发展不能接续、返乡即失业、创业就失败的问题。其实,职业发展也是一个不断学习和实践的过程。很多返乡者认为,只要准备好经济资本,创业之路就至少成功了一半。可是当真正开始创业之时,才发现资金只是创业者需要具备的资本之一,职业素养、对市场的调研和分析能力、开拓市场的营销能力,无一不需要后天的不断学习。返乡成功者,或者说整合型返乡者的返乡适应程度高,就是能够有机地整合自己在韩期间的文化、经济和社会资本,返乡后直接运用于自己的生活和工作中。因此,如果想成为整合型返乡者,在韩国赚取经济资本的同时,文化资本的积累也应同步进行。终生学习应该根植于每一个返乡者的思想与行动之中。

2. 返乡职业规划

很多赴韩务工者在出国时都找了身边的朋友及中介进行职业咨询和辅助,但在返乡时,却较少做职业方面的咨询和规划。研究发现,在跨境返乡流动过程中,如果返乡者能够在出国之前就为回国做好职业发展规划,将大大有利于其在国外的社会适应程度和返乡社会适应效果。

3. 社会网络维系

研究发现,很多赴韩务工人员返乡后觉得生活无意义。除了职业上的失落以外,还有社会生活无意义感。作为青年,其社会适应过程也包括其社会化过程,只不过返乡青年会受到时间和空间及文化的多重挑战。但是社会网络的建立、维系和拓展是社会化过程中的必要环节。返乡者不应把出国和回国看作独立的人生历程,而应该战略地、全局性地将出国和返乡整合起来看,每个阶段的社会网络都应得到很好的维系、巩固及发展。

(二)社会层面

从对宗教认同的分析不难看出,赴韩务工青年在出国和返乡过程中会遭遇不同程度的职业困惑、家庭关系疏离、社会网络的断裂、偏见歧视等问题。他们很多人精神无所寄托，急需来自社会的支持，例如关怀留守儿童和青少年以及留守老人的公益组织，帮助和关怀返乡群体的社会工作组织的扶持，等等。

第一，可以通过完善社区功能来关怀留守儿童、青少年和老年人。提高延边地区农村社区意识，整合社区资源。让留守家庭不再是孤岛，而是与社区联系紧密的社区成员。家庭的部分功能转移给社区和社会，解决赴韩打工人员的后顾之忧。同时，在赴韩工作人员返乡后也能辅助其开展正常的社会生活。

第二，建立赴韩工作人员返乡交流组织。赴韩返乡者在回国后，由于社会网络的收缩和断裂，信息不对称等原因，很难与国内社会及社会关系迅速建立联系。社区在生活上给予返乡者支持，那么在工作层面的支持可以来自针对赴韩返乡人员的社会组织。现有的社会组织大多并非针对赴韩务工群体。现有赴韩务工组织主要是虚拟的社交网络中的QQ群或微信群。其缺点在于：由于网络组织的无目的性和松散性，大多需要得到帮助的个人在群中发布信息时都不会得到及时的回应和实际的帮助；同时，网群里被各种代购广告、闲聊、抱怨和冲动充斥，很多人加入群后，内心并不认同也不想关注这样的信息。这个群一般就渐渐沦为无人回应的死群；群中有价值的信息一般是一些韩国用工和招聘信息，很少有人发国内的用工和招聘信息。国内招聘网站和职业中介的很多虚假信息和欺诈行为让本就对国内就业市场不太了解的赴韩务工者更难以甄别其信息的真伪。

第三，建立非政府组织的服务机构。建立以服务家庭为核心，并辐射到农村和城市的非政府组织机构，提供诸如养老、教育、就业、法律、信息等方面的有偿或免费服务。帮助出国务工人员的家庭在紧急情况下应对家庭危机，弥合这一群体因社会关系断裂和弱化所带来的社会化困境问题。

第四，积极进行社会文化引导。特别是延边的消费认知问题应该得到有效和正确的引领。首先，抑制"消费即成功"的符号消费等异化消费问题。在媒体和社会活动的信息传播中，不营造和鼓噪奢侈品消费与奢华生活方式；其次，在民风民俗上，提倡人情费用从简从俭，抑制"消费即人情"的人际关系消费异化问题。杜绝赌博、酗酒成风、吃喝玩乐一条龙等不良消费习惯。

（三）国家层面

1. 政治层面

在国际方面，一是要加强保护在韩中国人的合法权益，通过双方对话和磋商改善中国务工者的入境政策。有利于中、短期返乡者在赴韩务工过程中减少来自国家、社会层面的阻力和冲击，让其深切感受中国国民身份的优越感和安全感；二是着力推动中韩制度性合作，实现东北亚区域一体化长期稳定的合作。当前，国际局势风云诡谲。只有依靠对话磋商实现中韩贸易合作共赢，才能为中韩人民，特别是一直在两国之间流动着的国际务工人员营造安全、平稳的政治经济环境。边疆地区经济稳定发展，政治长治久安是各种返乡类型务工人员共同的期盼。

2. 经济层面

调查发现，延边青年赴韩国务工的主要原因还是出于经济利益的考虑和对延边经济环境的认同较低。因此，如果促进延边地区的经济发展，增加就业机会，提高延边人的收入水平是吸引中短期返乡者长期返乡发展的根本。这就需要从国家和政府层面合理规划延边经济发展，科学布局延边地区在东北亚地区的产业发展方向。

在第一产业方面，首先，当前延边农业打造延边松茸、人参、黄牛、黄烟、黑木耳特色农牧业圈，致力于形成特色集约化生产模式，提高农业产量和收入。而农业人力资源缺乏正成为延边农业的发展桎梏。赴韩务工的返乡青年参与延边农业生产，正是解决这一难题的策略之一。针对返乡创业和返乡务农的回国人员，研究其农业产销一体化职业规划，让其看到职业发展前景；开展免费的信息推广活动，农业技术扶持和农产品销售辅助一条龙帮扶体系，让其对务农的产出和收入有信心。在韩国有过务农经历的返乡者，他们不仅具有先进的农业生产经验，也可以为延边地区的农业发展方向献计献策，使赴韩务农青年返乡后也可以通过"离土不离乡"的方式就业、创业。积极调动赴韩务农返乡者参与延边农业建设，利用人力优势、地缘优势促使延边农业与韩国市场接轨、与东北亚区域市场接轨。

在第二产业方面，很多赴韩务工者在韩国都是从事生产、能源和建筑行业工作的。延边州在以森工、能源、矿产等产业化发展进程中，大量需要工业生产的人才和一线工作者。很多返乡者不愿意回乡从事第二产业生产的主要原因是收入低，不稳定，就业信息不畅通。本研究认为，首先应该从就业信息不畅入手，让有意中期或长期返乡的回国人员了解国内的就业机会。同时关注并逐渐提高其工作的稳定性和收入水平。

第三产业方面，首先，当前延边旅游作为支柱性产业的地位已经确立。延边本就在娱乐和服务行业方面发展超前，同时在政府的扶持下各项特色旅游项目正不断完善，如边境旅游、民俗旅游、冰雪旅游、生态旅游等已经稳步打入国内和东北亚国际市场。延边现在和将来都需要大量旅游和服务型人才来支撑第三产业的快速发展。赴韩务工的延边青年中有近一半的人数在韩从事的是批发零售业、酒店餐饮业和公共服务业。长期和中期返乡的回国青年正是可以满足延边地区第三产业人才和一线工作人员的需求。赴韩务工返乡青年无论在精力还是经验上，都是延边第三产业发展的人力资源优选。其次，鼓励正值青壮年的赴韩务工者返回家乡，在中小型生产和服务型企业就业或创办中小型生产和服务型企业。中韩经济发展存在竞争和互补的双重关系，① 韩国特别需要中国的劳动密集型产品，如农副产品、食品和纺织品等，延边赴韩返乡者具有得天独厚的优势，他们了解韩国，语言沟通无障碍，在韩国务工期间也积累了一定的社会资本。因此，与其听任延边赴韩务工青年在韩国耗尽最后的青春和力气返回中国畸形消费，不如鼓励和支持他们趁着年富力强，返乡参与和创办中小型生产企业，推进中韩国际贸易，增加自己的职业竞争力和可持续发展的资本。

赴韩务工的返乡青年作为建设延边、发展延边的有效人力资源，应得到合理配置和有序开发。持续的经济引导和良好的社会保障是开

---

① 徐飞：《中日韩贸易合作：历史、现状及特点》，《现代日本经济》2006年第5期。

发和配置人力资源的最有效手段。① 赴韩务工，作为青年们为自身积累经济资本和人力资本的过程，应该值得肯定，也应该得到社会和国家的有力支持和引导；返乡发展，作为赴韩务工青年人生轨迹的又一次转弯，需要自身、社会和国家协力推进。因此，在个体、社会和国家层面的多重努力和扶持之下，赴韩务工青年才能在"走"与"留"的选择之间，更加自信和从容。

三　理论拓展

本书通过研究赴韩务工青年的返乡适应问题，进一步探索性地构建了返乡社会适应的研究模型（见图7.1），从而力图为跨境社会适应和跨境返乡社会适应的研究提供新的视角和模式。

返乡社会适应研究模式

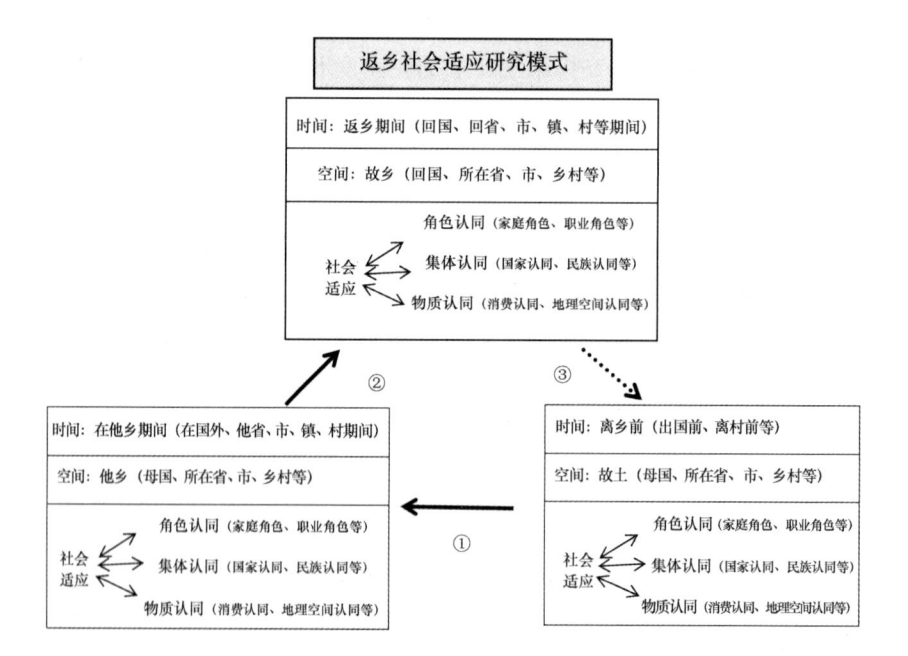

时间：返乡期间（回国、回省、市、镇、村等期间）

空间：故乡（回国、所在省、市、乡村等）

社会适应 → 角色认同（家庭角色、职业角色等）
　　　　 → 集体认同（国家认同、民族认同等）
　　　　 → 物质认同（消费认同、地理空间认同等）

②　　　　　　　　　　　③

时间：在他乡期间（在国外、他省、市、镇、村期间）　　　　时间：离乡前（出国前、离村前等）

空间：他乡（母国、所在省、市、乡村等）　　　　　　　　　空间：故土（母国、所在省、市、乡村等）

社会适应 → 角色认同（家庭角色、职业角色等）　　　①　　社会适应 → 角色认同（家庭角色、职业角色等）
　　　　 → 集体认同（国家认同、民族认同等）　　　　　　　　　　　 → 集体认同（国家认同、民族认同等）
　　　　 → 物质认同（消费认同、地理空间认同等）　　　　　　　　　 → 物质认同（消费认同、地理空间认同等）

图7.1　返乡社会适应研究理论模式图

---

① 张金荣：《工业化、城市化进程中失地农民社会保障问题的思考》，《经济》2011年第1期。

首先，返乡适应过程是一个人跨境流动适应不同环境的连续动态过程，是时间和空间维度的延伸和拓展。换言之，返乡社会适应不应只关注返乡后的社会适应情况，应该整合考察返乡者在出国前、出国期间、返乡三个核心时间和空间互动过程。第一，不同空间在不同时间受政治、经济、文化和环境等因素的影响，会呈现出不同的社会状态，这对返乡者的世界观、价值观有着潜在的影响，从而会影响其返乡后的心理、认知和行为；第二，返乡者在出国前的社会背景、经济条件和个人情况，出国后职业经历、文化冲突和社会关系变迁，都会影响回国人员返乡后的职业发展、家庭关系和社会参与等方面的返乡适应问题。因此，返乡适应研究应该考虑不同时间、不同场域和不同经历给返乡者带来的影响。

其次，社会适应可以从四个维度去探究。通过个人认同、物质认同、角色（身份）认同和集体（身份）认同四个维度来分析个体的社会适应的过程、变化和效果。其一，个人认同融合在物质认同、角色认同和集体认同之中，个体对不同物质、角色和集体的选择与评价就是一种认同方式和过程；其二，物质认同主要从消费、地理空间认同方面分析研究对象对物质世界的心理、认知和行为方式；其三，角色认同从中观层面考察个体对家庭、职业、社会网络等关系的适应情况；其四，集体认同从宏观层面分析个体对国家、民族、宗教等集体层面的认同和适应情况。这样，社会适应可以从微观、中观和宏观视角全面、立体地研究社会适应问题。

最后，返乡适应效果还受返乡时间、返乡动机等因素的影响。因此，在考察返乡者社会适应问题上，应该因返乡类型而异。同时，返乡适应效果也会反作用于不同返乡类型，使其发展转变。因此，返乡类型和返乡效果是相互影响且会发展动态转换的。因此，返乡适应研究是静态和动态研究的有机整合。

四 本研究的局限性

本书通过对赴韩务工青年返乡的类型划分与考察，进一步依据他们返乡后对物质、角色身份和集体身份的认同情况来分析赴韩务工青年的返乡社会适应过程和社会适应程度。通过本研究的论述分析，本书希望能够为返乡社会适应理论作出些许贡献，同时也能够为政府、企业和个人在相关政策的制定、人力资源开发和管理及个人发展上提供些许依据和帮助。但是，研究中还有几个方面有待完善，需要进一步的研究和探讨。

第一，受时空限制，研究对象在填写问卷、接受访谈的方式上采用了线上和线下整合的方式。也就是说，部分问卷和访谈是受访者和研究者面对面完成的，有的是通过电话或网络等非面对面方式完成的，因此在资料的统一性和访谈的深入程度上略有不同，在一定程度上会影响研究的深入和准确程度。

第二，本研究提出的返乡社会适应分析模型是探索性的，很多方面还需要进一步深入研究，其中包括：跨境返乡者类型的细化；返乡社会适应的四大维度内部涵盖的不同层面的进一步论证和细分，以及四大维度之间的逻辑关联等。

第三，囿于人力和物力的制约，本研究的访谈资料和问卷信息主要通过滚雪球似的资料搜集方法获得。在后续研究中，应该基于整个研究区域进行大规模的资料收集和抽样调查，提高研究数据的信度和效度。

第四，本书使用定性和定量研究方法对赴韩务工人员的返乡社会适应情况进行研究。由于对社会学研究范式的理解有限，对资料的定量分析和质性挖掘还有待于全面和深入，在今后的科研工作和学习中应该进一步完善和加强。

附　　录

附录1　赴韩务工人员社会适应问卷调查

这项研究的动力来源于研究者对"中国赴韩打工者"的关注和惦念。好多打工者就像候鸟一样，在"出国—回国"中徘徊。是什么使他们向往国外生活却无法定居，是什么让他们想家却不能回？下面是本研究的主要内容。

访谈对象：有过韩国工作经历的中国人。

研究目的：首先，通过对赴韩打工者在韩国和中国的工作、家庭生活、学习、人际交往等方面情况的调查，了解赴韩打工者的社会适应现状；其次，分析影响这一跨国务工群体社会适应的影响因素；最后，为跨国打工者提供社会适应策略，为政府制定相关政策提供依据，为促进社会关注并关怀跨国打工者提供事实依据，为移民社会学作出理论贡献。

特别提示：本调查充分尊重受访者个人意愿。问卷中的所有问题都可以选择不填或跳过。回答方式，语言不限。

如有疑问或希望详谈，请加手机和微信号：13500807787

个人基本情况

1. 请输入您的出生年份 [填空题]

   _____

2. 出生省市 [填空题]

   _____

3. 性别 [单选题]
   ☐ 男　　☐ 女

4. 婚姻状况 [单选题]
   ☐ 已婚　☐ 未婚　☐ 离异　☐ 丧偶

5. 您是否有子女？[单选题]
   ○ 有　　○ 没有

6. 民族 [单选题]

7. 您的韩国签证类型：[单选题]
   ○ B2　○ C3　○ C4　○ D2　○ D3　○ D4　○ D6　○ D10　○ E5　○ E8
   ○ E9　○ F1　○ F2　○ F3　○ F4　○ F5　○ F6　○ H1　○ H2
   ○ 其他

8. 您的最高学历 [单选题]
   ○ 小学及以下　　○ 初中　　○ 高中　　○ 中专
   ○ 大专　　○ 本科　　○ 硕士研究生　　○ 博士及以上

9. 您都会讲那些语言？[多选题]
   ☐ 汉语　　☐ 朝语　　☐ 英语　　☐ 其他语言 _____

10. 现居住地 [单选题]
    ○ 中国　　○ 韩国　　○ 新加坡
    ○ 日本　　○ 其他国家 _____

11. 您目前从事的职业：[多选题]
    ☐ 全日制学生，兼职打工
    ☐ 打工者，业余时间上学
    ☐ 餐厅工作
    ☐ 工厂工人

□ 家政服务
□ 后勤人员
□ 建筑行业
□ 旅游行业
□ 教师
□ 日档工作
□ 其他 _____

请具体说明

12. 您第一次去韩国打工是哪一年？［填空题］

_____

13. 您在韩国打工几年了？［单选题］
○ 1—2 年　○ 3—4 年　○ 5—6 年　○ 7—8 年　○ 9 年以上

14. 您每次回国时，在国内定居时间平均是多长时间，如不定，可多选。［多选题］［必答题］

□ 1 年以下 _____
□ 1—3 年 _____
□ 3 年以上 _____

15. 您去韩国的原因是？［多选题］
□ 赚钱
□ 国内找不到工作
□ 国内工作收入低
□ 更好的职业发展
□ 为帮助家里人
□ 喜欢韩国的生活方式
□ 因为我觉得自己是韩国人的后代
□ 因为是朝鲜族，对韩国有亲近感
□ 为了向亲戚朋友证明自己的能力
□ 其他 _____

16. 在韩国工作，您是否会出现不适应的情况？如果出现过，请将下列不适应之处进行排序（最不适应情况的选项排在最前面，依次

排序）：[排序题，请在中括号内依次填入数字]

[　] 收入低
[　] 和老板关系不好
[　] 和同事关系不好
[　] 工作中受到歧视
[　] 语言不通
[　] 工作太累
[　] 看不到事业提升的希望
[　] 签证问题，使我觉得工作待遇不公平

17. 在韩国生活中，会出现不适应的情况。请将下列不适应之处进行排序（最不适应情况的选项排在最前面，依次排序）：[排序题，请在中括号内依次填入数字]

[　] 婚姻关系变坏了
[　] 找不到恋爱或结婚对象
[　] 很难交到韩国朋友
[　] 国内亲友关系变得冷淡
[　] 吃得不好
[　] 住得不好
[　] 被韩国人歧视
[　] 社交圈变得越来越小
[　] 想家（孩子，父母，伴侣）

18. 如果您在韩国工作和生活期间还有其他不适应状况，请描述一下：[填空题]

_____

19. 如您现在韩国，您计划长期回国发展或定居吗？如果是，什么时候回去？[多选题]

☐ 是的，想回去。_____
何时回国
☐ 不，不想回国。_____
可以进一步说明原因

☐ 不一定 ＿＿＿＿＿＿＿＿

可以进一步说明

20. 如果您现在在中国，您有计划再次回到韩国打工吗？如果是，什么时候再次去韩国？［单选题］

○ 是的，想再去韩国打工。＿＿＿＿＿＿＿＿

什么时候再去韩国？

○ 不，不想去了。＿＿＿＿＿＿＿＿

可以说明原因

○ 不一定。＿＿＿＿＿＿＿＿

可以具体说明情况

21. 下列回国原因中，哪些对您回国的决定影响最大，请从重要到不重要排序：［排序题，请在中括号内依次填入数字］

[ ] 和家人团聚（父母，配偶，孩子）

[ ] 更适应国内生活方式

[ ] 年纪到了，得回国结婚生子

[ ] 年纪到了，不想再这么累地漂着了

[ ] 更适应国内人际交流方式

[ ] 国内有更稳定的工作机会

[ ] 挣到一些钱，想回国创业

[ ] 签证问题

[ ] 挣不到钱

[ ] 总觉得自己被排斥或歧视

22. 您为回国工作和生活做了哪些准备？（请选择并作说明）［多选题］

☐ 经济准备 ＿＿＿＿＿＿＿＿

☐ 在韩国期间，获得学历或资格证 ＿＿＿＿＿＿＿＿

☐ 相关工作经验 ＿＿＿＿＿＿＿＿

☐ 积累人脉 ＿＿＿＿＿＿＿＿

☐ 其他 ＿＿＿＿＿＿＿＿

23. 您在韩国的平均月薪是多少（请折合人民币）？［单选题］

○ 1000 元以下
○ 1001—3000 元
○ 3001—5000 元
○ 5001—8000 元
○ 8001 元以上

24．您回国后的平均月薪是多少元人民币？［单选题］
○ 1000 元以下
○ 1001—3000 元
○ 3001—5000 元
○ 5001—8000 元
○ 8001 元以上

25．回中国后，您的生活上是否感受到不适应的情况？请选择下列不适情况，并按严重程度排序（最不适应的排在最前面）：［排序题，请在中括号内依次填入数字］

［　］亲戚朋友关系变冷淡
［　］自然环境太恶劣
［　］公共场所太乱，没秩序
［　］父母逼着结婚
［　］吃的不适应
［　］住的不适应
［　］突然生活节奏慢下来不适应
［　］国内人情往来压力大
［　］还是找不到恋爱或结婚对象
［　］和别人比，我觉得自己混得不好，心里着急
［　］因为在国外没赚到钱或混得不好，遭人歧视

26．回中国后，工作上有哪些不适应，请按严重程度排序（最不适应的排在最前面）：［排序题，请在中括号内依次填入数字］

［　］收入低
［　］工作突然不忙了，觉得无所事事
［　］和老板不好相处

[ ] 和同事不好相处

[ ] 工作环境变差了

[ ] 觉得工作不稳定

[ ] 觉得工作没前途

[ ] 工作太累

[ ] 工作没有保障

[ ] 其他

27. 回中国后，遇到过哪些困难或不便，请您列举或描述：[填空题]

_____

28. 下列返乡适应的状况中，您觉得自己属于哪一种？（单选题）

[ ] 还是中国好，我不适应韩国的生活和工作方式，再也不去了

[ ] 中韩各有好处，回国后，韩国的经历对我帮助很大

[ ] 还是韩国好，我不适应国内的生活和工作方式，想回韩国

[ ] 中韩都不好，我不想在这两个国家生活和工作

29. 如您愿意接受进一步访谈，请留下您的联系方式（可选填或不填）[多选题]

☐ 手机号 _____

☐ 微信号 _____

☐ QQ号 _____

☐ email _____

☐ skype _____

附录2　赴韩务工青年返乡社会适应访谈提纲

赴韩务工青年返乡社会适应访谈提纲

1. 请谈一谈您去韩国打工的目的。

2. 请描述一下您打工的经历。

3. 您为什么回国?

4. 回国之后,您感觉都有哪些不适应?比如工作、生活、家庭和朋友关系上。

5. 您回国之后都得到了哪些帮助?

6. 您还有出国的打算吗?为什么?

附录3 访谈对象基本情况列表

编号	化名	出生年份	性别	民族	签证类型	受访者所在地	访谈时间
FX01	CYS	1976	男	朝鲜族	H2	珲春	2016.02.02
FX02	DAB	1975	女	朝鲜族	F6	龙井	2016.02.10
FX03	DG	1990	男	朝鲜族	H2	安图	2016.02.01
FX04	JZR	1976	男	朝鲜族	H2	龙井	2015.12.29
FX05	ZJY	1977	男	汉族	E5	龙井	2016.02.09
FX06	LFF	1989	女	朝鲜族	E2—D4—E2	汪清	2016.02.11
FX07	XX	1988	男	朝鲜族	H2	和龙	2015.12.08
FX08	ZH	1990	女	汉族	E2—D10—D2	敦化	2016.02.09
FX09	AX	1980	男	汉族	D2	敦化	2016.02.12
FX10	HH	1986	女	汉族	F1	图们	2016.02.13
FX11	WD	1990	女	汉族	D2	龙井	2016.02.13
FX12	XRB	1990	男	汉族	D2	安图	2016.02.14
FX13	BYB	1978	男	朝鲜族	H2—F4	汪清	2016.02.09
FX14	ZH	1978	女	汉族	H2	安图	2016.02.15
FX15	PXY	1985	男	朝鲜族	H2	龙井	2016.02.05
FX16	LMJ	1980	男	朝鲜族	F4	和龙	2016.10.15
FX17	LMZ	1978	女	朝鲜族	F4	龙井	2016.05.10
FX18	ZZ	1985	女	汉族	F6	龙井	2016.02.18

续表

编号	化名	出生年份	性别	民族	签证类型	受访者所在地	访谈时间
FX19	JS	1983	女	汉族	F5	延吉	2016.02.19
FX20	JMH	1978	男	朝鲜族	H2B—F4	龙井	2016.02.20
FX21	JCX	1989	女	朝鲜族	H2	敦化	2016.02.21
FX22	JCG	1987	男	朝鲜族	H2	龙井	2016.03.09
FX23	AJ	1993	女	朝鲜族	C—3—8	延吉	2016.03.09
FX24	HZ	1991	男	朝鲜族	C3—H2	延吉	2016.03.10
FX25	CH	1982	女	汉族	E5	龙井	2015.12.12
FX26	XJP	1995	男	汉族	C3	珲春	2016.03.15
FX27	CSF	1987	女	汉族	H2	安图	2016.03.16
FX28	MCS	1988	男	汉族	E5	汪清	2016.03.16
FX29	CD	1984	女	汉族	H2	和龙	2016.03.17
FX30	BAC	1981	男	汉族	F4	图们	2016.03.18
BD01	CJX	1956	女	汉族		延吉	2016.03.18
BD02	CHL	1958	男	汉族		龙井	2016.03.14
BD03	ZYH	1979	女	朝鲜族		龙井	2016.03.11
BD04	LXZ	1983	女	汉族		汪清	2016.03.15
BD05	CGA	1978	男	汉族		珲春	2016.03.14
BD06	CDY	1968	男	汉族		图们	2016.03.15
BD07	JDN	1955	女	朝鲜族		敦化	2016.03.13
GB01	CSJ	1970	男	朝鲜族	村干部	龙井	2016.05.25
GB02	CKJ	1968	女	朝鲜族	村干部	龙井	2016.05.25
GB03	CZ	1965	男	汉族	村干部	龙井	2016.05.25

注：编号中 FX 代表返乡；BD 代表本地；GB 代表干部。

附录4　韩国签证种类列表

单次签证			多次签证		
外交、公务（A—1，A—2）			外交（A—1）		
临时采访（C—1）			短期访问	共同	
短期访问	短期一般（C—3—1）			短期一般（C—3—1）	
	一般观光（C—3—9）			短期商务（C—3—4）	
	医疗观光（C—3—3）			同胞访问（C—3—8）	
	短期商务（C—3—4）		采访、派驻、企业投资及随行家属（D—5，D—7，D—8，F—3）		
	纯换乘（C—3—10）				
短期就业（C—4）			访问居住（F—1）		
留学（D—2—1 至 D—2—6）					
语言研修（D—4—1）			在外同胞（F—4）		
贸易经营（D—9）					
求职（D—10）			永住（F—5）		
访问居住（F—1）					
居住（F—2）			访问就业（H2）		
随行（F—3）					
结婚移民（F—6）			两次签证	短期访（A1—A3，C1—C4）	
				团体旅游（C—3—2）	

资料来源：http://www.hanguo-qianzheng.com/leixing/.

参考文献

中文文献

包亚明:《社会资本与文化炼金术——布迪厄访谈录》,上海人民出版社1997年版。

邴正:《当代文化矛盾与哲学话语系统的转变》,《中国社会科学》2011年第2期。

邴正:《跨文化传播中的多元复合性》,《社会科学战线》2015年第7期。

邴正:《面向21世纪的中国文化形象与文化符号——建设社会主义文化强国的理论思考》,《社会科学战线》2013年第3期。

卜长莉:《社会变迁与东北城市社区矛盾冲突问题的产生》,《长春理工大学学报》(社会科学版)2008年第5期。

卜长莉:《社会资本是社会支持的重要渠道》,《长春理工大学学报》(社会科学版)2008年第2期。

陈向明:《质的研究方法与社会科学研究》,教育科学出版社2000年版。

成婧:《跨国务工青年的返乡文化适应研究——以吉林省延边州L市为例》,《青年探索》2016年第3期。

崔昌来、朱成华:《延边人口研究》,延边大学出版社1992年版。

崔月琴:《新时期中国社会管理组织基础的变迁》,《福建论坛》(人文社会科学版)2010年第11期。

丁水木:《社会角色论》,上海社会科学出版社1992年版。

费孝通:《江村经济》,内蒙古人民出版社 2010 年版。

费孝通:《生育制度》,商务印书馆 1999 年版。

费孝通:《我看人看我》,《读书》1993 年第 3 期。

费孝通:《乡土中国》,生活·读书·新知三联书店 1985 年版。

风笑天:《社会研究方法》,高等教育出版社 2006 年版。

高宣扬:《布迪厄的消费理论》,同济大学出版社 2004 年版。

高亚春:《消费与象征——波德里亚消费社会批判理论研究》,人民出版社 2007 年版。

高永久、朱军:《论多民族国家中的民族认同与国家认同》,《民族研究》2010 年第 2 期。

管延江:《中国延边地区对韩国劳务输出问题研究》,博士学位论文,延边大学,2010 年。

韩震:《论国家认同、民族认同及文化认同——一种基于历史哲学的分析与思考》,《北京师范大学学报》(社会科学版)2010 年第 1 期。

韩震:《论全球化进程中的多重文化认同》,《求是学刊》2005 年第 5 期。

何其敏:《归类与整合之间的宗教认同》,《世界宗教文化》2016 年第 1 期。

何艺、夏妍:《基督教视域下朝鲜族的认同状况研究》,《兰州大学学报》2016 年第 4 期。

贺金瑞、燕继荣:《论从民族认同到国家认同》,《中央民族大学学报》(哲学社会科学版)2008 年第 3 期。

黄波:《鲍德里亚符号消费理论述评》,《青海师范大学学报》(哲学社会科学版)2007 年第 3 期。

黄光国等:《人情与面子:中国人的权力游戏》,中国人民大学出版社 2004 年版。

黄升民:《多种形态的中国城市家庭消费》,中国轻工业出版社 2006 年版。

黄希庭:《压力、应对与幸福进取者》,《西南师范大学学报》(人文社会科学版）2006 年第 3 期。

吉国秀：《婚姻仪礼变迁与社会网络重建》，中国社会科学出版社 2005 年版。

姜彩芬：《面子与消费》，社会科学文献出版社 2009 年版。

姜海顺：《浅谈延边地区离婚案件的新特点》，《延边大学学报》（社会科学版）2000 年第 3 期。

李克玉、张静：《婚姻家庭社会学》，新华出版社 2010 年版。

李培林、陈光金等：《中国社会和谐稳定报告》，社会科学文献出版社 2008 年版。

李培林：《消费分层：启动经济的一个重要视点》，中国社会科学文献出版社 2002 年版。

李强：《社会分层与贫富差别》，鹭江出版社 2000 年版。

李强：《转型时期中国社会分层》，辽宁教育出版社 2004 年版。

李素华：《政治认同的辨析》，《当代亚太》2005 年第 12 期。

李薇：《当代符号消费与青年认同危机》，《中国青年社会科学》2016 年第 3 期。

李银河、陈俊杰：《个人本位、家本位与生育观念》，《社会学研究》1993 年第 3 期。

李银河：《当代中国人的择偶标准》，《中国社会科学》1989 年第 4 期。

李银河：《中国人的性爱与婚姻》，中国友谊出版公司 2002 年版。

李煜：《婚姻匹配的变迁：社会开放性的视角》，《社会学研究》2011 年第 4 期。

李煜、徐安琪：《婚姻市场中的青年择偶》，上海社会科学院出版社 2004 年版。

梁彩花、周金衢、张琼：《返乡农民工炫耀性消费行为的社会心理分析》，《广西民族研究》2010 年第 4 期。

林兵：《西方环境社会学的理论发展及其借鉴》，《吉林大学社会科学学报》2007 年第 3 期。

林兵：《中国环境问题的理论关照一种环境社会学的研究视角》，《吉林大学社会科学学报》2010年第3期。

林尚立：《现代国家认同建构的政治逻辑》，《中国社会科学》2013年第8期。

刘晨之：《构建农民工返乡创业支持体系的思考》，《中国劳动》2009年第4期。

刘杰：《乡村社会"空心化"：成因、特质及社会风险——以J省延边朝鲜族自治州为例》，《人口学刊》2014年第3期。

刘少杰：《国外社会学理论》，高等教育出版社2010年版。

刘诗贵：《地域差异的主流价值文化认同》，《重庆社会科学》2014年第2期。

刘伟江：《延边朝鲜族劳动力外流及其影响研究》，《人口学刊》2014年第1期。

刘衔华：《返乡农民工心理健康与生活满意感的相关分析》，《中国临床康复》2006年第10卷第26期。

刘烨：《马斯洛的人本哲学》，内蒙古文化出版社2008年版。

陆学艺：《当代中国社会阶层研究报告》，社会科学文献出版社2002年版。

罗明忠：《农民工的职业认同对其城市融入影响的实证分析》，《中国农村观察》2013年第5期。

《马克思恩格斯选集》（第二卷），人民出版社2005年版。

朴光星：《赴韩朝鲜族劳工群体的国家、民族、族群认同》，《云南民族大学学报》（哲学社会科学版）2010年第5期。

朴今海：《延边地区宗教发展现状及对策研究——以基督教发展为中心》，《延边大学学报》（社会科学版）2006年第9期。

朴婷姬：《试论跨国民族的多重认同——以对中国朝鲜族认同研究为中心》，《东疆学刊》2008年第7期。

朴政君：《中国朝鲜族的国民认同现状分析》，《延边大学学报》（社会科学版）2015年第3期。

沈晖：《当代中国中间阶层认同研究》，中国大百科全书出版社2008年版。

沈奕斐：《被建构的女性——当代社会性别理论》，上海人民出版社 2005 年版。

沈奕斐：《个体化视角下的城市家庭认同变迁和女性》，《学海》2013 年第 2 期。

汤秀丽：《对朝鲜族农村女性外流状况的人类学研究》，《华北水利水电学院学报》2009 年第 1 期。

田毅鹏：《村落过疏化与乡土公共性的重建》，《社会科学战线》2014 年第 6 期。

田毅鹏：《"村落终结"与农民的再组织化》，《人文杂志》2012 年第 1 期。

田毅鹏：《乡村"过疏化"背景下城乡一体化的两难》，《浙江学刊》2011 年第 5 期。

童星：《现代社会学理论新编》，南京大学出版社 2003 年版。

汪玢玲：《中国婚姻史》，上海人民出版社 2001 年版。

王春荣、朴今海：《跨国人口流动浪潮下的边境农村空心化》，《满族研究》2015 年第 3 期。

王建平：《中国城市中间阶层消费行为》，中国大百科全书出版社 2007 年版。

王宁：《从苦行者社会到消费者社会》，社会科学文献出版社 2008 年版。

王宁：《消费社会学》，社会科学文献出版社 2011 年版。

王宁：《消费社会学——一个分析的视角》，社会科学文献出版社 2001 年版。

王宁：《消费与认同——对消费社会学的一个分析框架的探索》，《社会学研究》2001 年第 1 期。

巫昌祯：《婚姻家庭法新论——比较研究与展望》，中国政法大学出版社 2002 年版。

吴瑞君：《海外归国人员就业状况及其影响因素——基于 2011 年上海基本侨情调查的分析》，《社会科学》2015 年第 5 期。

伍庆：《消费社会与消费认同》，社会科学文献出版社 2009 年版。

奚从清：《角色论：个人与社会的互动》，浙江大学出版社 2010 年版。

项蕴华：《国外有关身份的社会语言学研究》，《哲学动态》2009 年第 7 期。

徐安琪：《夫妻权力和妇女家庭地位的评价指标：反思与检讨》，《社会学研究》2005 年第 4 期。

徐芳：《中国朝鲜族流动人口社会适应研究》，2013 年版。

徐飞：《中日韩贸易合作：历史、现状及特点》，《现代日本经济》2006 年第 5 期。

《延边朝鲜族自治州地方志》编纂委员会：《2011 延边年鉴》，吉林人民出版社 2011 年版。

《延边朝鲜族自治州志》（上卷），中华书局 1996 年版。

《延边六十年统计年鉴（1949—2009）》，中国国际图书出版社 2009 年版。

《延边三非外国人问题突出　隐瞒真实身份逃避监管》，《法制日报》2012 年第 5 期。

《延边统计年鉴（1993）》，延边朝鲜族自治州统计局，1993 年。

《延边统计年鉴（2015）》，延边朝鲜族自治州地方志编纂委员会，2015 年版。

延边州统计局：《延边六十年统计年鉴（1949—2009）》，中国国际图书出版社 2009 年版。

延边州统计局：《2010 延边统计年鉴》，中国国际图书出版社 2010 年版。

延边州统计局：《2012 延边统计年鉴》，中国国际图书出版社 2012 年版。

延边州统计局：《2013 延边统计年鉴》，中国国际图书出版社 2013 年版。

延边州统计局：《2014 延边统计年鉴》，中国国际图书出版社 2014 年版。

阎云翔：《生活的变革：一个中国村庄里的爱情、家庭与亲密关系

（1949—1999）》，龚小夏译，上海书店出版社2006年版。

杨善华：《城乡家庭：市场经济与非农化背景下的变迁》，浙江人民出版社2000年版。

杨善华：《家庭社会学》，高等教育出版社2006年版。

尹世杰：《当代消费经济词典》，西南财经大学出版社1991年版。

俞少宾、崔兴硕：《身份认同转变的影响因素探析——基于16位在韩朝鲜族移民的结构式访谈》，《华侨华人历史研究》2012年第12期。

约翰·罗尔斯：《正义论》，何怀宏、何包钢、廖申白译，中国社会科学出版社2001年版。

翟学伟：《人情、面子与权力的再生产》，北京大学出版社2005年版。

詹姆斯·S. 科尔曼：《社会理论的基础》，邓方译，社会科学文献出版社2008年版。

张金荣：《鄂伦春人族群意识的当代转型研究》，《社会科学战线》2010年第1期。

张金荣、姜治莹：《工业化、城市化进程中失地农民社会保障问题的思考》，《传承》2011年第4期。

张金荣、姜治莹：《科学发展观与政治义明建设》，《理论前沿》2005年第3期。

张金荣、李文祥：《中国文化演进中的亲子传承模式转换研究》，《吉林大学社会科学学报》2006年第5期。

张金荣：《马克思意义理论的意义分析》，《社会科学战线》2007年第2期。

张金荣：《培育中间阶层建设小康社会》，《战略与管理》2004年第3期。

张静：《身份认同研究——观念、态度、理据》，上海人民出版社2006年版。

张熙尖、李明淑：《促进服务业的崛起延边州服务业发展问题研究吉林》，吉林人民出版社2007年版。

张艳春:《少数民族地区农村社会治安存在问题及对策分析——以延边朝鲜族聚居村落为例》,《黑龙江民族丛刊》2011年第2期。

张翼:《中国城市社会阶层冲突意识研究》,《中国社会科学》2005年第4期。

赵卫华:《地位与消费:当代中国社会各阶层消费状况研究》,社会科学文献出版社2007年版。

郑杭生:《社会学概论新修》(第三版),中国人民大学出版社2003年版。

郑红娥:《社会转型与消费革命——中国城市消费观念的变迁》,北京大学出版社2006年版。

郑也夫:《消费的秘密》,上海人民出版社2007年版。

郑玉善:《论东北朝鲜族的对外交往》,《满族研究》2000年第1期。

周大鸣:《浅层融入与深度区隔:广州韩国人的文化适应》,《民族研究》2014年第2期。

周大鸣:《文化多元性与全球化背景下的他者认同》,《学术研究》2012年第6期。

周建新、黄超:《跨国民族劳务输出中的族群认同与国家认同——以龙山村S屯朝鲜族劳务输出韩国为例》,《思想战线》2011年第2期。

周伟萍、李秀敏:《韩国引进外籍劳工政策与中韩劳务合作——以中国延边朝鲜族自治州对韩劳务输出为例》,《社会科学战线》2014年第10期。

周晓虹:《现代社会心理学》,上海人民出版社2003年版。

周晓虹:《中产阶级:何以可能 何以可为》,《江苏社会科学》2002年第6期。

周晓虹:《中国中产阶层调查》,社会科学文献出版社2005年版。

朱力:《中外移民社会适应的差异性与共同化》,《南京社会科学》2010年第10期。

朱在宪、车今顺:《中国特色朝鲜族文化的发展规律及其趋势》,《延边大学学报》2000年第4期。

［德］格奥尔格·齐美尔：《时尚的哲学》，费勇等译，文化艺术出版社2001年版。
［德］黑格尔：《历史哲学》，王造时译，上海书店出版社1999年版。
［德］卡尔·马克思：《1844年经济学哲学手稿》，刘丕坤译，人民出版社1979年版。
［德］康德：《自然通史和天体论》，庞景仁译，商务印书馆1978年版。
［德］马克斯·韦伯：《经济与社会》（上卷），林荣远译，商务印书馆1997年版。
［德］马克斯·韦伯：《经济与社会》（下卷），林荣远译，商务印书馆2006年版。
［德］马克斯·韦伯：《新教伦理与资本主义精神》，于晓等译，陕西师范大学出版社2006年版。
［德］齐美尔：《时尚的哲学》，中国社会科学出版社2003年版。
［法］阿尔弗雷德·格罗塞：《身份认同的困境》，王琨译，社会科学文献出版社2010年版。
［法］埃米尔·迪尔凯姆：《职业伦理与公民道德》，渠东、付德根译，上海人民出版社2006年版。
［法］皮埃尔·布迪厄：《实践与反思：反思社会学导引》，李猛、李康译，中央编译出版社1998年版。
［法］让·鲍德里亚：《消费社会》，刘成富、全志刚译，南京大学出版社2000年版。
［美］保罗·福塞尔：《格调：社会等级与生活品味》，梁丽真、乐涛、石涛译，中国社会科学出版社1998年版。
［美］大卫·理斯曼：《孤独的人群》，王崑等译，南京大学出版社2002年版。
［美］戴维·波普诺：《社会学》（第十版），李强等译，中国人民大学出版社1999年版。
［美］凡勃伦、蔡受百：《有闲阶级论：关于制度的经济研究》，商务印书馆1964年版。

［美］赫伯特·马尔库塞:《单向度的人》,刘继译,上海译文出版社1989年版。

［美］加里·S. 贝克尔:《人类行为的经济分析》,王业宇、陈琪译,格致出版社2008年版。

［美］库利:《人类本性与社会秩序》,华夏出版社1989年版。

［美］拉尔夫·林顿:《人格的文化背景》,于闽梅、陈学晶译,广西师范大学出版社2007年版。

［美］玛格丽特·米德:《文化与承诺》,周晓虹、周怡译,河北人民出版社1987年版。

［美］曼纽尔·卡斯特:《认同的力量》(第2版),曹荣湘译,社会科学文献出版社2006年版。

［美］尼格尔·多德:《社会理论与现代性》,陶传进译,社会科学文献出版社2002年版。

［美］诺曼·K. 邓津、伊冯娜·S. 林肯:《定性研究:方法论基础》,《导论:定性研究的学科与实践》,重庆大学出版社2007年版。

［美］欧文·戈夫曼:《日常生活中的自我呈现》,冯钢译,北京大学出版社2008年版。

［美］乔纳·H. 特纳:《社会学理论的结构》,邱泽奇、张茂元译,华夏出版社2006年版。

［美］乔治·赫伯特·米德:《心灵、自我和社会》,赵月琴译,上海译文出版社1992年版。

［美］乔治·瑞泽尔:《后现代社会理论》,谢立中译,华夏出版社2003年版。

［美］托斯丹·邦德·凡勃伦:《有闲阶级论——关于制度的经济研究》,蔡受百译,商务印书馆1964年版。

［英］阿兰·德伯顿:《身份的焦虑》,陈广兴等译,上海译文出版社。

［英］安东尼·吉登斯:《现代性与自我认同》,赵旭东等译,生活·读书·新知三联书店1998年版。

［英］鲍伯·杰索普:《重构国家、重新引导国家权力》,何子英译,

《求是学刊》2007 年第 4 期。

［英］弗兰克·莫特：《消费文化》，余宁平译，南京大学出版社 2001 年版。

［英］齐格蒙特·鲍曼：《工作、消费、新穷人》，仇子明、李兰译，吉林出版集团有限责任公司 2010 年版。

［英］齐格蒙特·鲍曼：《立法者与阐释者》，洪涛译，上海人民出版社 2000 年版。

［英］齐格蒙特·鲍曼：《流动的现代性》，欧阳景根译，上海三联书店 2002 年版。

［英］齐格蒙特·鲍曼：《全球化——人类的后果》，郭国良、徐建华译，商务印书馆 2013 年版。

英文文献

Adler, N. J., "Re-entry: Managing Cross-cultural Transitions", *Group and Organisational Studies*, 1981 (3).

Amiot, C. E., de la Sablonnière, R., Terry, D. J. & Smith, J. R., "Integration of Social Identities in the Self: Toward a Cognitive-developmental Model", *Personality and Social Psychology Review*, 2007 (11).

Anderson, B. A., "Expatriate Management: An Australian Tri-sector Comparative Study", *Thunderbird International Business Review*, 2001 (1).

Anderson, B., *Imagined Communities: Reflection on the Origin and Spread of Nationalism*, London: Verso, 1983.

Atkins, R., Hart, D. & Donnelly, T. M., "The Association of Childhood Personality Type with Volunteering During Adolescence", *Merrill-Palmer Quarterly*, 2005, 51.

Bamberg, M., "Talk, Small Stories, and Adolescent Identities", *Human Development*, 2004 (47).

Beck, Ulrich and Elisabeth Beck-Gernsheim, *Individualization Institutionalized Individualism and its Social and Political Consequences*, London and Thousand Oaks, CA: Sage Publi-cations, 2001.

Belk, R. W., "Possessions and the Extended Self", *Journal of Consumer Research*, 1988 (15).

Bennett, M. J., "Towards Ethno-relativism: A Developmental Model of Intercultural Sensitivity", In R. M. Paige (Ed.), *Cross-cultural Orientation: New Conceptualizations and Applications*, New York: University Press of America, 1986.

Berry J. W., "Acculturation and Adaptation in a New Society", *International Migration*, 1992 (30).

Betina Szkudlarek, "Reentry-A Review of the Literature", *International Journal of Intercultural Relations*, 2010 (1).

Black, J. S. & Gregersen, H. B., "Expectations, Satisfaction, and Intention to Leave of American Expatriate Managers in Japan", *International Journal of Intercultural Relations*, 1990 (4).

Black, J. S., Gregersen, H. B. & Mendenhall, M. E., "Toward a Theoretical Framework of Repatriation Adjustment", *Journal of International Business Studies*, 1992 (4).

Black, J. S., Gregersen, H. B. & Mendenhall, M. E., *Global Assignments*, San Francisco, CA: Jossey-Bass, 1992.

Black, J. S. & Gregersen, H. B., "When Yankee Comes Home: Factors Related to Expatriate and Spouse Repatriation Adjustment", *Journal of International Business Studies*, 1991 (4).

Black, J. S., "Coming Home: The Relationship of Expatriate Expectations with Repatriation Adjustment and Job Performance", *Human Relations*, 1992 (2).

Brabant, S., Palmer, C. E. & Gramling, R., "Returning Home: An Empirical Investigation of Cross-cultural Re-entry", *International Journal of Intercultural Relations*, 1990 (4).

Brabant, S., Palmer, C. E. & Gramling, R., "Returning Home: An Empirical Investigation of Cross-cultural Re-entry", *International Journal of Intercultural Relations*, 1990 (4).

Brislin, R., *Cross-cultural Encounters: Face to Face Interaction*, New York: Pergamon Press, 1981.

Brown, A., Kirpal, S. & Rauner, F. (Eds.), *Identities at Work*. Dordrecht: Springer, 2007.

Bussey, K. & Bandura. A., "Social Cognitive Theory of Gender Development and Differentiation", *Psychological Review*, 1999 (106).

Cassarino, J. P., "Theorising Return Migration: The Conceptual Approach to Return Migrants Revisited", *International Journal on Multicultural Societies*, 2004 (2).

Chamove, A. S. & Soeterik, S. M., "Grief in Returning Sojourners", *Journal of Social Sciences*, 2006, 13 (3).

Clifford Geertz, *The Interpretation of Cultures*, New York: Basic Books, 1973.

Cohen, A. B., Hall, D. E., Koenig, H. G. & Meador, K. G., "Social Versus Individual Motivation: Implications for Normative Definitions of Religions Orientation", *Personality and Social Psychology Review*, 2005 (9).

Cox, B. J., "The Role of Communication, Technology, and Cultural Identity in Repatriation Adjustment", *International Journal of Intercultural Relations*, 2004 (4).

Cox, L., "Going Home: Perceptions of International Students on the Efficacy of Reentry Workshop, Doctoral Dissertation, Rossier School of Education", University of Southern California, 2006.

Crenshaw, K. W., "Mapping the Margins: Intersectionality, Identity Politics, and Violence Against Women of Color", *Stanford Law Review*, 1991 (43).

Enloe, W. & Lewin, P., "Issues of Integration Abroad and Re-adjustment to Japan of Japanese Returnees", *International Journal of Intercultural Relations*, 1987. 3.

Erik H. Erikson, *Identity and Life Cycle*, New York: Norton, 1959.

Erikson, E. H., *Identity: Youth and Crisis*, New York: Norton, 1968.

Fearon, J. & Laitin, D., "Ethnicity, Insurgency, and Civil War", *American Political Science Review*, 2003 (1).

Feldman, D. C., "Repatriate Moves as Career Transitions", *Human Resource Management Review*, 1991 (3).

Francesco P. Cerase, "Expectations and Reality: A Case Study of Return Migration from the United States to Southern Italy", *International Migration Review*, 1974, 8 (26).

Fred E., Yandt, *Intercultural Communication*, Sage Publications, 3rd ed, 2000.

Stroh, L. K., Gregersen, H. B. & Black, J. S., "Closing the Gap: Expectations Versus Reality Among Expatriates", *Journal of World Business*, 1998 (2).

Furukawa, T., "Sojourner Readjustment: Mental Health of International Students Furnham", A. & Bochner, S., *Culture Shock: Psychological Reactions to Unfamiliar Environments*, New York: Metheun, 1986.

Gama, E. & Pedersen, P., "Readjustment Problems of Brazilian Returnees from Graduate Study in the United States", *International Journal of Intercultural Relations*, 1977 (4).

Geert Hofstede, *Culture's Consequences: Comparing Values, Behaviors, Institutions, and Organizations Across Nations*, Second Edition, Thousand Oaks CA: Sage Publications, 2001.

George H. Mead, *Mind, Self, and Society*, Chicago: University of Chicago Press, 1934.

Goffnam, *Stigma: Notes on the Management of Spoiled Identity*, Simon & Schuster, 1986.

Granovetter, M. S., "The Strength of Weak Ties", *The American Journal* of Sociology, 1973 (6).

Gregersen, H. B. & Stroh, J. K., "Coming Home to the Arctic Cold: Antecedents to Finnish Expatriate and Spouse Repatriation Adjustment", *Personnel Psychology*, 1997 (3).

Grotevant, H. D., Dunbar, N., Kohler, J. K. & Esau, A. M. L., "Adoptive Identity: How Contexts Within and Beyond the Family Shape Developmental Pathways", *Family Relations*, 2000 (49).

Gullahorn John T., Gullahorn, Jeanne E., "An Extension of the U-curve Hypothesis", *Journal of Social Issues*, 1963 (3).

Hammer, M. R., Hart, W. & Rogan, R., "Can You Go Home Again? Ananalysis of the Repatriation of Corporate Managers and Spouses", *Management International Review*, 1998 (1).

Harrell-Bond, B., "Repatriation: Under What Conditions is it the Most Desirable Solution for Refugees?", *African Studies Review*, 1989 (1).

Harvey, M., "Repatriation of Corporate Executives: An Empirical Study", *Journal of International Business Studies*, 1989.

Henri Tajfel, "Social Psychology of Intergroup Relations", *Annual Review of Psychology*, 1982 (33).

Huffman, J. A., "Cross-cultural Reentry and the Family Life Cycle Stage: A Study of the Impact of the Family Life Cycle Stage on Cross-cultural Reentry of Adult Missionaries", Doctoral dissertation, University of Georgia, 1990.

Hyder, A. S. & Lovblad, M., "The Repatriation Process-a Realistic Approach", *Career Development International*, 2007 (3).

Jean-Pierre Cassarino, "Theorising Return Migration: A Revisited Conceptual Approach to Return Migrants", *EUI Working Papers*, 2004 (2).

John W. Thibaut, Harold H. Kelley, *The Social Psychology of Groups*, New York: John Wiley & Sons, 1959.

Kernis, M. H., Lakey, C. E. & Heppner, W. L., "Secure Versus Fragile Self-esteem as a Predictor of Verbal Defensiveness: Converging Findings Across three Different Markers", *Journal of Personality*, 2008.

Kidder, L. H., "Requirements for Being 'Japanese', Stories of Returnees", *International Journal of Intercultural Relations*, 1992 (4).

Kielhofner, G., *Model of Human Occupation: Theory and Application* (4th ed.), Baltimore: Lippincott Williams & Wilkins, 2007.

Kim, Y. Y., *Becoming intercultural: An Integrative Theory of Communication and Cross-cultural Adaptation*, Thousand Oaks, CA: Sage, 2001.

Koen Luyckx, Seth J., Schwartz, Luc Goossens, Wim Beyers and Lies Missotten, "Processes of Personal Identity Formation and Evaluation", *Handbook of Identity Theory and Research*, Springer, 2011.

Kogut, B. & Singh, H., "The Effect of National Culture on the Choice of Entry Mode", *Journal of International Business Studies*, 1988 (3).

Kroger, J., *Identity Development: Adolescence Through Adulthood* (2nd ed.), Thousand Oaks, CA: Sage, 2007.

Luyks, K. Duriez, B., Klimstra, T. A. & De Witte, H., "Identity Statuses in Young Adult Employees: Prospective Relations with Work Engagement and Burnout", *Journal of Vocational Behavior*, 2010 (77).

Mac Donald, D. A., "Spirituality: Description, Measurement, and Relation to the Five Factor Model of Personality", *Journal of Personality*, 2000.

MacDonald, S. & Arthur, N., "Employees' Perceptions of Repatriation", *Canadian Journal of Career Development*, 2003 (1).

Marcia, J. E., "Development and Validation of Ego Identity Status", *Journal of Personality and Social Psychology*, 1966 (5).

Markus, H. & Nurius, P., "Possible Selves", *American Psychologist*, 1986 (41).

Martin, J. N. & Harrell, T., "Intercultural Reentry of Students and Professionals: Theory and Practice", In D. Landis, J. M. Bennett & M. J. Bennett (Eds.), *Handbook of Intercultural Training*, Thousand Oaks, CA: Sage, 2004.

Maslow, A. H. A., "Theory of Human Motivation", *Psychological Re-*

view, 1943 (4).

Max Weber, Richard Swedberg, *Essays in Economic Sociology*, Princeton University Press, 1999.

Maybarduk, S. M., An Exploration of Factors Associated with Reentry Adjustment of U. S. Foreign Service Spouses, (Thesis M. S. W.), Smith College School for Social Work, Northampton, Mass., 2008.

McAdams, D. P., "The Problem of Narrative Coherence", *Journal of Constructivist Psychology*, 2006 (19).

Meijers, F., "The Development of a Career Identity", *International Journal for the Advancement of Counselling*, 1998 (20).

Michael A. Hogg, Deborah J. Terry, Katherine M. White, "A Tale of Two Theories: A Critical Comparison of Identity Theory with Social Identity Theory", *Social Psychology Quarterly*, 1995, 58 (4).

Muschkin, C. G., "Consequences of Return Migrant Status for Employment in Puerto Rico", *International Migration Review*, 1993 (1).

Napier, N. K. & Peterson, R. B., "Expatriate Re-entry: What do Repatriates Have to Say?", *Human Resource Planning*, 1991 (1).

Ng Sik-hung, Chiu Cy, Cn Candlin, "Communication, Culture and dentity: Overview and Synthesis", in Ng, Sik-hung, Chiu Cy, Cn Candlin et al. (eds.), *Language Matters: Communication, Culture and Identity*, Hong Kong: City University of Hong Kong Press, 2004.

Oberg K., "Cultural Shock: Adjustment to New Cultural Environments", *Practical Anthropology*, 1960, 7 (3).

Onwumechili, C., Nwosu, P., Jackson, R. L. & James-Hughes, J., "In the Deep Valley with Mountains to Climb: Exploring Identity and Multiple Reacculturation", *International Journal of Intercultural Relations*, 2003. (1).

O'Sullivan, S., "The Protean Approach to Managing Repatriation Transitions", *International Journal of Manpower*, 2002 (7).

P. Bourdieu, *Distinction: A Social Critique of the Judgment of Taste*, Harvard University Press, 1984.

Peter J. Burke, Donald C. Reitzes, "The Link Between Identity and Role Performance", *Social Psychology Quarterly*, 1981 (44).

Piracha, M. & Vadean, F., "Return Migration and Occupational Choice: Evidence from Albania", *World Development*, 2010 (8).

Proshansky, H. M., Fabian, A. K. & Kaminoff, R., "Place-identity: Physical World Socialization of the Self", *Journal of Environmental Psychology*, 1983 (3).

Rogers, J. & Ward, C., "Expectation-experience Discrepancies and Psychological Adjustment During Cross-cultural Reentry", *International Journal of Intercultural Relations*, 1993 (2).

Rohrlich, B. I. & Martin, J. N., "Host Country and Reentry Adjustment of Student Sojourners", *International Journal of Intercultural Relations*, 1991 (2).

Saarela, J. & Finnas, F., "Return Migrant Status and Employment in Finland", *International Journal of Manpower*, 2009, 5.

Sanchez Vidal, M. E., Sanz Valle, R., Barba Arago'n, M. I. & Brewster, C., "Repatriation Adjustment Process of Business Employees: Evidence from Spanish", *International Journal of Intercultural Relations*, 2006 (7).

Schildkraut, D. J., "Defining American Identity in the Twenty-first Century: How Much "there" is There?", *The Journal of Politics*, 2007 (69).

Shils, Edward, "Primordial, Personal, Sacred and Civil Ties", *British Journal of Sociology*, 1957.

Stets J. E., Burke P. J., "Identity Theory and Social Identity Theory", *Social Psychology Quarterly*, 2000 (3).

Stevens, M. J., Oddou, G., Furuya, N., Bird, A. & Mendenhall, M. H. R., "Factors Affecting Repatriate Job Satisfaction and Job Attachment for Japanese Manage", *International Journal of Human Resource*

Management, 2006 (5).

Sussman, N. M., "Identity Shifts as a Consequence of Crossing Cultures: Hong Kong Chinese Migrants Return Home", In K. B. Chan, J. W. Walls & D. Hayward (Eds.), 53. Leiden: Bril, *East-west Identities: Globalization, Localization & Hybridization*, 2007.

Sussman, N. M., "Repatriation Transitions: Psychological Preparedness, Cultural Identity, and Attributions Among American Managers", *International Journal of Intercultural Relations*, 2001, 25 (2).

Sussman, N. M., "Testing the Cultural Identity Model of the Cultural Transition Cycle: Sojourners Return Home", *International Journal of Intercultural Relations*, 2002 (4).

Sussman, N. M., "The Dynamic Nature of Cultural Identity Throughout Cultural Transitions: Why Home is Not so Sweet", *Personality and Social Psychology Review*, 2000 (4).

Suutari, V. & Välimaa, K., "Antecedents of Repatriation Adjustment: New Evidence from Finnish Repatriates", *International Journal of Manpower*, 2002 (7).

Swann, W. B., Jr., "The Self and Identity Negotiation", *Interaction Studies*, 2005 (6).

Szkudlarek, B. Spinning the Web of Reentry, (Re) Connecting Reentry Training Theory and Practice, (Doctoral Dissertation, Erasmus Research Institute of Management, Rotterdam School of Management Erasmus University, 2008).

Szkudlarek, B., "Through Western Eyes. Insights Into the Intercultural Training Field", *Organization Studies*, 2009 (9).

S. Otten, A. Mummendey, "To Our Benefit or at Your Expense? Justice Considerations in Intergroup Allocations of Positive and Negative Resources", *Social Justice Research*, 1999 (12).

Tajfel, H. & Turner, J. C., "The Social Identity Theory of Intergroup Behavior", In 95. S. Worchel & W. G. Austin (Eds.), *The Psychology of*

Intergroup Behavior, Chicago: Nelson Hall, 1986.

Taylor, D. M., "The Quest for Collective Identity: The Plight of Disadvantaged Ethnic Minorities", *Canadian Psychology*, 1997 (3).

Thatcher, S. M. B. & Zhu, X., "Changing Identities in a Changing Workplace: Identification, Identity Enactment, Self-verification, and Telecommuting", *Academy of Management Review*, 2006 (31).

Thomas, K. J. A., "Return Migration in Africa and the Relationship between Educational Attainment and Labor Market Success: Evidence from Ugand", *International Migration Review*, 2008 (3).

Triandis, H. C., "The Self and Social Behavior in Differing Cultural Contexts", *Psychological Review*, 1989 (3).

Turner, J. C. & Onorato, R. S., "Social Identity, Personality, and the Self-concept", In T. R. Tyler, R. M. Kramer & O. P. John (Eds.), *The Psychology of the Social Self*, Mahwah, NJ: Lawrence Erlbaum Associates, 1999.

Turner, J. C., Hogg, M. A., Oakes, P. J., Reicher, S. D. & Wetherell, M. S., *Rediscovering the Social Group: A Self-Categorization Theory*, Oxford & New York: Blackwell, 1987.

Turner, J. C., Hogg, M. A., Oakes, P. J., Reicher, S. D. & Wetherell, M. S., *Rediscovering the Social Group: A Self-Categorization Theory*, Oxford & New York: Blackwell, 1987.

Uehara, A., "The Nature of American Student Reentry Adjustment and Perceptions of the Sojourn Experience", *International Journal of Intercultural Relations*, 1986 (4).

Unruh, A. M., "Reflections on: 'So...what do you do?' Occupation and the Construction of Identity", *Canadian Journal of Occupational Therapy*, 2004.

Vico, Giambattista, *Universal Right (Diritto Universale)*, Translated from Latin and Edited by Giorgio Pinton and Margaret Diehl. Amsterdam/New York, Rodopi, 2000.

Vladimir B. Skorikovand Fred W. Vondracek, "Occupational Identity", S. J. Schwartz et al. (eds.), *Handbook of Identity Theory and Research*, 2011.

Wolf Margery, *Women and the Family in Rural Tai-wan*, Stanford University Press, 1972.

Yoshida, I. T., Hayashi, Y. & Uno, M., "Identity Issues and Reentry Training", *International Journal of Intercultural Relations*, 1999 (3).

网络资源

韩国统计网：http：//kostat. go. kr/portal/eng/pressReleases/1/index. board? bmode = read&aSeq = 273381.

中华人民共和国国家统计局官网：http：//data. stats. gov. cn/easyquery. htm? cn = C01.

中国统计信息网：http：//www. tjcn. org/tjgb/201605/32902. html.

吉林省县域网是由"中共吉林省委财经领导小组办公室"和"中共吉林省农村 5. 工作领导小组办公室"主办。网址为：http：//www. jlxy. gov. cn/.

吉林省县域网：http：//www. jlxy. gov. cn/news. aspx? id = 105507.

http：//news. sina. com. cn/c/2011 - 03 - 22/092722159326. shtml.

https：//www. geert-hofstede. com/south-korea. html.

Vital Statistics of Immigrants in 2015（韩国 2015 年主要移民数据）.

http：//kostat. go. kr/portal/eng/pressReleases/1/index. board? bmode = read&aSeq = 35884.

2012 Foreigner Labour force Survey ：韩国统计网 http：//kostat. go. kr/portal/eng/pressReleases/1/index. board? bmode = read&aSeq = 34769.

后　记

"踏踏实实地回来吧，别走了，欢欢。"母亲如泣如诉的话，是我心里一直所念。是的，我的父亲、母亲和我，想让妹妹回家。

思考赴韩务工青年的返乡问题，其实是源于对妹妹的爱和担心。2002年，妹妹第一次踏上赴韩务工之路开始，她的身心就一直漂泊在国内和国外之间。每次出国，妹妹都拼命工作，为终能回家做准备；每次回乡，妹妹也会努力扎根和成长。从韩国回到延边后，她打过工，创过业。记得她为了开店，几乎从不休息，每两周都要熬一整夜，坐火车到长春，凌晨6点火车一到站，她就直奔批发市场上货，然后扛着两袋和她一样体积与重量的商品登上回龙井的火车，然后再马不停蹄地继续工作。我记得妹妹的手臂总是被深深地勒出几道血印，手上经常有擦伤和瘀青。小店刚开始经营尚可，随着越来越多的年轻人离开延边，空荡荡的城市购买力小得可怜，所以小店苦苦经营两年后以出兑告终，一切似乎都像她从未努力过一样。妹妹要强，她不服输，她再次出国。

这种"出国—返乡—再出国"的循环模式，是很多延边出国务工青年人生轨迹的缩影。这是为什么？怎么才能让妹妹稳稳地在国内发展下去？这些问题，一直萦绕在我心里。

2012年，我终于有幸师从张金荣教授，成为一名社会学博士研究生。一入师门，我就带着自己的困惑请教先生，先生说：社会学从来都不把人孤立于群体、社会和国家去单独研究，你应该着眼于更广阔的视野来反观人在特定时空的命运和发展。于是，我将这个困惑变成博士论文的主题展开研究。在先生的启发和鼓励下，深入研究赴韩务工青年的返乡社会适应问题成为我作为一个社会学人的学术理想：关怀和帮助成千上万个像妹妹一样远走他乡，怀揣梦想，有家难回的跨国务工群体返乡。

时光荏苒，转眼4年多的时间，我过得非常幸福和充实。首先，我要感谢我的导师张金荣教授。是先生赐予我学术的希望和理想，让我有幸能在2012年尽情享受着再次当学生的奢侈，走进社会学课堂，与大师们一起进行思想上的驰骋；感谢先生的体谅和支持，使我在攻读博士学位期间也能兼顾家庭，2013年幸福地当上妈妈；感谢先生在学术上的一路引领和提携；2014年我踏入学术生涯的新台阶，被评为副教授；感谢先生在2015年鼓励和支持我走出国门，远赴荷兰伊拉斯姆斯大学社会学院，完成博士的联合培养学习。这一经历也使我在实现自己留学梦的同时，深切感受国内移民和国际移民的差异，体验独在异国的艰辛与不易。为我博士论文的后续研究提供了新的体悟和更深的思考。感谢先生对我的关爱和信任，才能有2016年师生在欧洲的学术之旅和蓝色文明之旅。在完成博士论文前夕，我每日都写得昏天黑地。一日，我去先生处汇报学习进展，临走时先生把准备好的食品递到我手中说："近日赶论文辛苦，回去补补。"我转身，眼中有泪，连日来的忧心忡忡被暖意一冲而走。感谢先生，与先生一起经历的困苦喜乐，是我人生中最精彩难忘的篇章。

感谢吉林大学哲学社会学院社会学系的教授们，老师们的课堂让我领略到社会学的强大和社会学理论的精妙。感谢田毅鹏教授、邴正教授、林兵教授、崔月琴教授和卜长莉教授对我博士学习的关怀和指导，特别是对我博士论文开题和写作上的帮助。

感谢漆思教授和张国杰教授给我家人般的关怀和帮助，在我最迷茫的时候，以学术梦想照亮我，助我走上学术之路。

感谢在我旅荷期间，与我亦师亦友的荷兰导师Liesbet van Zoonen教授。对我这个中国来访学的学生，教授倾注了她能尽的一切力量。不论多忙，Liesbet每周都要和我进行2个小时的专题研讨，帮助我推进博士研究；因参加国际学术论文大赛，我需在6天时间完成一篇论文。6天时间里，我每天写论文至深夜，然后发给Liesbet请她批阅。

教授总是第一时间给我批改回复，对她认同的部分毫不吝啬赞美之词，增加了我的学术信心。就这样，6天时间，一篇万字英文论文顺利成文，我获得了韩国学研究院颁发的国际学术论文二等奖和人生第一笔学术竞赛的奖金；在我思乡、惦念亲人，特别是因为不能照顾孩子而自责，心里备受煎熬的时候，Liesbet会敏锐地察觉，她说："Jing, You are depressed. Don't push yourself too much. Let's find a new way out."（婧，你这是抑郁的症状，别太拼了，我们一起来想办法跨过这个难关。）每天大量地阅读英文文献，并且与欧洲学者进行思想碰撞，使我的学术视野不断拓展，我的思想不断延伸，我的学术理想更加坚定。

感谢我的父母，养我育我，抚我蓄我。在我读博和出国期间为我撑起小家，倍受辛劳。感谢妹妹，一直坚强地爱护着每一位家人。替我带着女儿四处看病，全力支持着我的学业和事业。感谢我的丈夫，把家里最好的资源都给我，来支持我的学术梦和留学梦，总是一有时间就为我准备好可口的饭菜，出差前给我包好饺子冻在冰箱，怕我学习太紧张吃不好饭。感谢我的宝贝，伊伊，感谢有你，是你让妈妈被爱充满，让妈妈不断进步，也谢谢你懂事地支持妈妈的学习，你是妈妈的骄傲，妈妈也在努力变成你的骄傲。

感谢我的同学、同事、朋友和学生在我博士论文征集访谈对象和发放及收集问卷时给予我的无私帮助。

我还要特别感谢接受我访谈的延边赴韩务工和返乡的朋友们，是你们的信任和无私的分享成就了我的博士研究成果，谢谢你们。

2017 年 3 月 19 日